Amadeus Griffbereit

Amadeus Griffbereit
Amadeus Vista Command Page – Reservation Air

Amadeus Vista Command Page – Reservation Air

Von Gisela Teichgräber

Amadeus Griffbereit

Amadeus Germany GmbH
– Kundentraining –
Marienbader Platz 1
61348 Bad Homburg
Tel: 0800-913 66 66
Fax: 0800-913 66 77
www.vistalandscape.de

April 2005
© Amadeus Germany GmbH
Satz und Layout: Buch&media GmbH, München
Umschlaggestaltung: Wolfgang Rüeck, Amadeus Germany GmbH
Herstellung und Verlag: Books on Demand GmbH, Norderstedt
Printed in Germany
ISBN 3-8334-2316-1

Inhalt

Zu diesem Buch

»Amadeus Vista Command Page – Reservation Air« enthält alle Themen der Flugreservierung für Einzel- und Gruppenpassagiere. Es ist die Fortsetzung der Themen, die im Fachbuch »Amadeus Vista Command Page – Basics Air« behandelt wurden.

Anliegen ist es, Sie mit den kompletten Amadeus Reservierungsfunktionen und -abläufen vertraut zu machen. An Hand von geführten Beispielen erhalten Sie alles Wissenswerte zu der jeweiligen Funktion. Es sind alle für die Praxis wichtigen Eingaben/Formate benannt und definiert. Zu jedem Thema sind zusätzlich die Hilfe-Seiten aufgeführt, falls Sie weitere Informationen benötigen. Besonderes Augenmerk wurde auf die Vermittlung von Hintergrundwissen gelegt und unter »Hinweise oder Empfehlungen« erhalten Sie wichtige Tipps für Ihre Praxis.

Jeder Fachbereich hat seine eigene Sprache, so auch der Flugbereich mit seinen englischen Begriffen und das Amadeus System mit seinen Fachausdrücken. Es konnte nicht darauf verzichtet werden, diese in den Textpassagen zu nennen, da sie Ihnen in allen Hilfen, Infos und Amadeus Dokumentationen begegnen. Jeder englische Begriff und Fachausdruck wurde aber im Fachteil übersetzt und erklärt. Zusätzlich wurden alle wesentlichen Fachbegriffe und Abkürzungen im »Glossar« definiert.

Als Anlage wurde zusätzlich der »Amadeus Guide« integriert, in dem Sie alle Eingaben/Formate und Hilfen zu den in diesem Buch behandelten Themen finden.

Dieses Fachbuch soll sowohl zum Selbstlernen für den Einsteiger als auch zum Nachschlagen für den Praktiker genutzt werden. Der Aufbau der Themen in diesem Buch folgt den Praxisprozessen und jedes Thema in seiner Struktur ist weitestgehend einheitlich nach dem didaktischen Prinzip – vom Allgemeinen zum Speziellen – aufgebaut.

Arbeit mit dem Buch

Jede Funktion wird Schritt für Schritt erklärt, mit prägnanten Bildschirmausgaben versehen und ausführlich erläutert. Dadurch hat der Lerner die Möglichkeit, sich dieses Wissen selbst beizubringen. Die ausführliche Einführung zu jeder Funktion, das Hintergrundwissen, die Hinweise und Tipps für die Praxis sollen das Wissen vertiefen. Das Glossar hilft Ihnen, die vielen Begriffe zu verstehen.

Für diejenigen, die bereits in der Praxis mit Amadeus arbeiten, soll dieses Buch natürlich auch dem schnellen Nachschlagen dienen. Über den »Index« oder die »Transaktionen A bis Z« gelangen Sie schnell zu den Textpassagen, wo die gesuchte Funktion beschrieben ist. Über den »Amadeus Guide« finden Sie rasch die Eingabe, die Sie benötigen.

Feedback an uns

Wir freuen uns auf ein Feedback von Ihnen. Ihre Empfehlungen und Hinweise richten Sie bitte an die kostenfreien Service-Nummern:

* Telefon: 0800-913 66 66

* Fax: 0800-913 66 77

1 Einleitung

Eine Buchung in Amadeus kann frühestens 362 Tage im Voraus angelegt werden. Sie wird über den so genannten Passenger Name Record (PNR) realisiert. Der PNR ist ein Datensatz und enthält alle notwendigen Angaben zum Passagier und seiner Buchung.

Es wird generell zwischen einem Single PNR (bis maximal 9 Passagiere) und einem Group PNR (ab 10 Passagiere) unterschieden.

Amadeus hat Pflichtelemente definiert, die in jedem PNR enthalten sein müssen. Fehlt eines dieser Elemente, so erfolgt beim PNR Abschluss eine Rückweisung.   *Pflichtelemente*

Optionale Elemente sind zusätzliche Informationen oder Leistungen, die in Abhängigkeit von dem konkreten Kundenwunsch im PNR ergänzt werden.   *Optionale Elemente*

Enthält der PNR die komplette Buchung und alle Informationen zum Passagier, dann erfolgt der PNR Abschluss. Amadeus vergibt einen 6-stelligen Record Locator (auch Recloc oder File Key genannt). Dieser ist Indiz dafür, dass der PNR erfolgreich abgeschlossen wurde und im Amadeus Central System gespeichert ist.   *PNR Abschluss*

Die Elementeingabe beim PNR Aufbau kann in beliebiger Reihenfolge vorgenommen werden. In den meisten Fällen sollten Sie aber mit der Flugbuchung beginnen, danach die Namen eingeben und anschließend die restlichen Elemente. Abweichende Vorgehensweisen werden bei dem jeweiligen Thema beschrieben.   *Elementeingabe*

Die Sortierung der Elemente im PNR erfolgt anhand der Reisedaten (Datum und Uhrzeit), bei offenen Flugsegmenten nach Aufeinanderfolge der 3-Letter Airport/City Codes.

Infos und Hilfen Generelle Informationen und Hilfen zu allen Reservierungsthemen erhalten Sie unter:

GGAMADE AGENT	Informationen für die Agenten in Deutschland
GGAMADE SHORT	Shortcuts, Tipps und Tricks
GGAMADE ERROR	Beschreibung gängiger Amadeus Fehlermeldungen

Fehler- und
Warnmeldungen Informationen zu den gängigen Error und Warning Messages (Fehler- und Warnmeldungen) erhalten Sie:

In Deutsch: Unter GGAMADE ERROR

In Englisch: HELP Seiten des jeweiligen Themas unter RELATED TOPICS (System Warning Messages)

Incentive Für Leistungen, die Sie über Amadeus buchen und verkaufen, werden Sie mit so genannten Incentive-Zahlungen belohnt. Alle Informationen zur Incentive-Zahlweise erhalten Sie unter:

GGAMADE INC	Informationen zur Incentive-Zahlweise

Eingaben/Formate In der Command Page werden die Eingaben mittels vorgeschriebener Amadeus Formate vorgenommen. Generell können diese in Groß- oder Kleinschreibung und bis auf wenige Ausnahmen mit oder ohne Leerzeichen eingegeben werden. Leerzeichen werden in diesem Buch zur besseren Lesbarkeit gesetzt. Ausnahmen werden an der jeweiligen Stelle benannt.

2 PNR Pflichtelemente

Ein PNR kann bis zu 999 Elemente enthalten, muss aber die folgenden 5 Elemente aufweisen, da diese als Pflichtelemente in Amadeus definiert wurden. Diese sind:

* Segment Sell
* Name Element
* Contact Element
* Ticketing Element
* Received From Element

Bei PNR Abschluss werden diese vom System auf Vollständigkeit geprüft. Fehlt eines dieser Elemente, ist ein PNR Abschluss nicht möglich. Es erfolgt eine Rückweisung, indem auf das fehlende Element aufmerksam gemacht wird.

Informationen und Hilfen zu diesem Thema finden Sie unter: *Infos und Hilfen*

| HE PNR | Übersicht aller HELP Seiten zum Passenger Name Record |
| HE SS | HELP Seite zu einer bestimmten Funktion, hier: Segment Sell |

2.1 Segment Sell

Mit der Transaktion SS (Segment Sell) nehmen Sie die Buchung eines Fluges aus dem Availability/Schedule Display, dem Direct Access Display oder per Long Sell vor.

Bevor Sie den Segment Sell ausführen, schauen Sie auf den *Access Indikator*, der Ihnen Aufschluss darüber gibt, ob die Buchung aus dem AN/SN Display vorgenommen werden kann oder ob Sie in den Direct Access wechseln müssen. *Wichtiger Hinweis*

Alle Informationen und Hintergründe zu den Access Arten und Access Indikatoren wurden im Band »Amadeus Vista Command Page – Basics Air« (Kapitel 7.1) beschrieben.

2.1.1 Short Sell

1. Beispiel: Sie haben die folgende Availability für den 15. Januar von Frankfurt nach Peking abgefragt und möchten den Flug LH720 für zwei Personen in Business Class (C) buchen.

Availability Display
(Auszug)

```
AN15JANFRAPEK
** AMADEUS AVAILABILITY - AN ** PEK CAPITAL APT.CN        324 TH 15JAN 0000
  1   LH 720  F9 A9 C9 D9 Z9 Y9 B9 /FRA 1 PEK    1720   0930+1E0/744      9:10
             M9 H9 Q9 V9 W9 S9
  2LH:CA9020  F4 C4 D4 Y4 K4 L4 M4  FRA 1 PEK    1720   0930+1 0.747      9:10
             N4 W4
  3CA:LH2936  F4 A4 C4 D4 Y4 B4 M4 /FRA 1 PEK    1845   1105+1 0/744      9:20
             H4 Q4 V4 W4 S4
  4   CA 932  F4 C4 D4 Y4 B4 H4 K4  FRA 1 PEK    1845   1105+1 0.744      9:20
             L4 S4 M4 N4 Q4 T4 X4
```

Abbildung 1: Availability Display Frankfurt-Peking

Airlines, die den Access Indicator »/« (Schrägstrich) und ».« (Punkt) anzeigen, buchen Sie aus dem AN/SN Display.

Eingabe

SS 2C1	Buchung für 2 Personen in C-Klasse auf dem Flug mit Laufnummer 1

Ausgabe

```
RP/FRAL12357/
  1  LH 720 C 15JAN 4 FRAPEK HK2  1640 1   1720 0930+1 747 E 0 M
     NON-SMOKING FLIGHT
     SEE RTSVC
>
```

Abbildung 2: Segment Sell aus dem Amadeus Access

Es wurde das Flugsegment mit der Laufnummer 1 erstellt.   *Erklärung*

1. Zeile:	RP/FRAL12357/	RP = Responsibility; Büro mit Angabe des Office Codes, das die Buchung erstellt hat und für die Buchung verantwortlich ist.
2. Zeile:	1	Laufnummer des PNR Elements; jedem Element wird eine Laufnummer zugeordnet, die sich durch Ergänzung weiterer Elemente ändern kann.
	LH 720	Airline Code und Flugnummer
	C	Buchungsklasse; sie ist abhängig von dem jeweiligen Tarif
	15JAN	Reisedatum
	4	Wochentag (4 = Thursday/Donnerstag)
	FRAPEK	City Pair
	HK2	Statuscode der Buchung mit Anzahl der gebuchten Plätze
	1640	Latest Check-In Time (Check-In Schluss, wenn angegeben)
	1	Abflugsterminal oder Airport Zone (wenn angegeben)
	1720 0930	Abflugs- und Ankunftszeit (Local Time/Ortszeit)
	+1	Tageswechselanzeige (Ankunft am nächsten Tag)
	747	Code des Fluggerätes
	E	Elektronisches Ticketing ist möglich
	0	Anzahl der Zwischenlandungen, hier: 0 = Non-Stop Flug (keine geplante Zwischenlandung)
	M	Meal Code (M = Meal; nicht näher definiert)
3. Zeile:	NON –SMOKING FL.	Hinweis auf Nichtraucher-Flug
4. Zeile:	SEE RTSVC	Retrieve Service; mit der Eingabe RTSVC und Laufnummer des Fluges erhalten Sie zusätzliche Informationen zum Flug (z.B. Angabe des Abflugterminals/Ankunftterminals usw.)

Die folgenden Statuscodes geben Aufschluss darüber, welchen Zustand eine Buchung hat.

Statuscodes im PNR

HK	Holding Confirmed	Die Buchung wurde aus dem *Amadeus Access* vorgenommen und ist sofort OK. Der Garantiestatus LK ist in der PNR History vermerkt.
LK	Holding Confirmed	Die Buchung wurde aus dem *Direct Access* vorgenommen und ist sofort OK. Nach Abschluss des PNRs ändert sich der Status in HK. Der Garantiestatus LK ist in der PNR History vermerkt.
NK	Holding Confirmed	Die Buchung wurde aus dem *Direct Access* vorgenommen und ist sofort OK. Nach dem Erhalt des Reclocs von der Airline ändert sich der Status in LK und nachfolgend in HK. Der Garantiestatus LK ist in der PNR History vermerkt.
SS	Sold	Die Buchung wurde aus dem *Standard Access* vorgenommen. Die Buchung gilt dann als OK, wenn innerhalb von 12 Stunden keine Ablehnung durch die Airline erfolgte. Nach Abschluss des PNRs ändert sich der Status in HK.
LL	Waitlist	Die Buchung steht auf der Warteliste. Nach Abschluss des PNRs ändert sich der Status in HL.
HL	Holding Waitlist	Die Warteliste wird gehalten.
NN	Need	Die Buchung wird angefragt. Nach Abschluss des PNRs ändert sich der Status in HN.
HN	Holding Need	Die Anforderung wird gehalten.

Umsteigeverbindung

Ist bei einer Umsteigeverbindung die Buchungsklasse auf allen Teilstrecken identisch, so muss diese beim Segment Sell nur *einmal* benannt werden, z.B. SS 2T3.

Ist die Buchungsklasse auf den Teilstrecken einer Umsteigeverbindung unterschiedlich, so ist diese nacheinander je Teilstrecke zu nennen.

Eingabebeispiel

SS 1CY3	Sell für eine Umsteigeverbindung mit unterschiedlichen Klassen je Teilstrecke

2. Beispiel: Sie haben die folgende Availability für den 10. Januar von Frankfurt nach Singapore abgefragt und möchten den Flug GA973 für 3 Personen in K-Klasse buchen.

```
AN10JANFRASIN
** AMADEUS AVAILABILITY - AN ** SIN SINGAPORE.SG        316 SA 10JAN 0000
 1SQ:LH9762  FL AL C4 D4 Y4 BL ML /FRA 1 SIN 2  1200    0700+1 0/744      12:00
             HL QL VL WL SL
 2   SQ 025  F4 A2 C4 J0 D4 Y9 B8 /FRA 1 SIN 2  1200    0700+1E 0.744     12:00
             M3 H0 W0 N0 Q0 V0 K2
 3   GA 973  C4 D4 I4 Y4 M4 L4 K4  FRA 1 SIN 1  1430    0850+1 0*744      11:20
             N4 G4 V4
 4   SQ 325  F4 A4 C4 D4 J3 Y0 B0 /FRA 1 SIN 2  2045    1545+1E 0.744     12:00
             M0 H0 W0 N0 Q0 V0 E9 K3
 5SQ:LH9764  F4 A4 C4 D4 YL BL ML /FRA 1 SIN 2  2045    1545+1 0/744      12:00
             HL QL VL WL SL
```

Availability Display (Auszug)

Abbildung 3: Availability Display Frankfurt-Singapore

Bei Airlines, die den Access Indicator »*« (Sternchen) und »:« (Doppelpunkt) im AN/SN Display anzeigen, *muss* ein Wechsel in den Direct Access vorgenommen werden. Das heißt für das konkrete Beispiel:

AC L3	Availability Change für Laufnummer 3

Wechsel in Direct Access

```
1GAAD10JANFRASIN0230P
** GA - GARUDA INDONESIA **              316 SA 10JAN
   ** LCTC MUST BE ADVISED IN EVERY BREAK JOURNEY POINTS **
21  GA 973   C4  D6  I4  Y7  M7  FRA SIN 1430    0850+1  0 744
             L7  K9  N9  G9  V7
-            I-CLASS AS PREMIUM ECONOMY CLASS WITH TYPE FARE YP
```

Ausgabe

Abbildung 4: Direct Access Display der Garuda Indonesia

SS 3K21	Buchung für 3 Personen in K-Klasse für Flug mit Laufnummer 21

Eingabe

```
RP/FRAL12357/
 1  GA 973 K 10JAN 6 FRASIN LK3      1  1430 0850+1 744    0
     SEE RTSVC
```

Ausgabe

Abbildung 5: Segment Sell aus dem Direct Access

Der Statuscode LK ist Indiz dafür, dass die Buchung aus dem Direct Access vorgenommen wurde. Die Ausgabe entspricht ansonsten inhaltlich jener, wie im 1. Beispiel beschrieben; siehe dort.

Erklärung

Wichtiger Hinweis Eine Buchung im Direct Access muss zur Gewährleistung der Buchungs-garantie *spätestens 3 Minuten* nach Aufruf der Direct Access Availability ausgeführt werden, ansonsten erhalten Sie eine Rückweisung mit dem Hinweis auf die Zeitlimitüberschreitung.

3. Beispiel: Sie haben die folgende Availability für den 10. Januar von Frankfurt nach Teheran abgefragt und möchten den Flug IR720 für eine Person in Business Class (C) buchen.

Availability Display
(Auszug)

```
AN10JANFRATHR
** AMADEUS AVAILABILITY - AN ** THR TEHRAN.IR          309 SA 10JAN 0000
  1   IR 720  C4 Y4 Q4 M4            FRA 1 THR 2  1455    2125   0 AB6     4:00
  2   LH 600  F8 A5 C9 D9 Z9 Y9 B9 /FRA 1 THR 2  1800    0125+1 0/342     4:55
          M9 H9 Q9 V9 S0
  3   LH4676  C9 D9 Z9 Y9 B9 M9 H1 /FRA 1 AMS    1245    1350   E0/320
          Q0 V0 S0
      KL 433  J7 C7 Z7 S7 B7 M7 H7 /AMS   THR 2  1515    2310   E0.767    7:55
          Q7 V7
```

Abbildung 6: Availability Display Frankfurt-Teheran

Die Airline IR (Iran Air) ist aus dem Standard Access (Access Indica-tor=Leerzeichen) zu buchen, das heißt, Sie nehmen den Verkauf aus dem AN oder SN Display vor.

Eingabe

SS 1C1	Buchung für 1 Person in C-Klasse für Flug mit Laufnummer 1

Ausgabe

```
RP/FRAL12357/
  1  IR 720 C 10JAN 6 FRATHR SS1      1  1455 2125    AB6   0
     SEE RTSVC
```

Abbildung 7: Segment Sell aus dem Standard Access

Erklärung Der Statuscode SS zeigt an, dass die Buchung aus dem Standard Access vorgenommen wurde. Die Ausgabe entspricht ansonsten inhaltlich jener, wie im 1. Beispiel beschrieben; siehe dort.

Bitte beachten Sie: Diese Buchung kann erst als OK an den Kunden bestätigt werden, wenn innerhalb von 12 Stunden *keine Ablehnung* durch die Airline erfolgt.

Wichtiger Hinweis

Zur Kontrolle dieses Buchungvorganges wird empfohlen, eine Option für den Folgetag zu setzen (Option Element, siehe Kapitel 4.5).

2.1.2 Sell aus dem Dual City Pair

Der Segment Sell aus einem Dual City Pair (AN oder SN) erfolgt für beide Flugsegmente gleichzeitig. Das Sternchen (*) trennt die gewünschten Laufnummern.

```
AN15JANMUCPAR08/AAF*17JAN1900
** AMADEUS AVAILABILITY - AN ** PAR PARIS.FR              314 TH 15JAN 0800
 1   AF1223  C9 D9 Y9 S9 U9 K9 M9 /MUC    CDG2F  0710   0850  E0/320      1:40
             H9 Q9 T9 V9 L9 W9 I9 N9 GR BR
 2   AF1423  C9 D9 Y9 S9 U9 K9 M9 /MUC    CDG2F  0925   1105  E0/735      1:40
             H9 Q9 T9 V9 L9 W9 I9 N9 GR BR
 3   AF1523  C9 D9 Y9 S9 U9 K9 M9 /MUC    CDG2F  1015   1155  E0/735      1:40
             H9 Q9 T9 V9 L9 W9 I9 N9 GR BR

** AMADEUS AVAILABILITY - AN ** MUC MUNICH.DE             316 SA 17JAN 1900
11   AF2522  C9 D9 Y9 S9 U9 K9 M9 /CDG2F MUC    1825   2000  E0/320      1:35
             H9 Q9 T9 V9 L9 W9 I9 N9 GR BR
```

Dual City Pair Availability (Auszug)

Abbildung 8: Dual City Pair Availability Display München-Paris

Sie möchten für 1 Person den Hinflug um 09:25 und den Rückflug um 18:25 in Business Class (C) buchen.

SS 1C2*11	Buchung für 1 Person in C-Klasse, Hinflug mit Laufnummer 2 und Rückflug mit Laufnummer 11

Eingabe

```
RP/FRAL12357/
  1  AF1423 C 15JAN 4 MUCCDG HK1       0925 1105   735 E 0 BS
     SEE RTSVC
  2  AF2522 C 17JAN 6 CDGMUC HK1    2F 1825 2000   320 E 0 M
     SEE RTSVC
```

Ausgabe

Abbildung 9: Segment Sell aus dem Dual City Pair

Beide Flugsegmente wurden gleichzeitig erstellt und chronologisch sortiert. Die Ausgabe entspricht ansonsten inhaltlich jener, wie im Kapitel 2.1.1 (1. Beispiel) beschrieben.

Erklärung

Hinweis Auch beim Dual City Pair ist zu beachten, dass für Airlines, die aus dem Direct Access zu buchen sind, zwingend ein Wechsel in den Direct Access erfolgen muss, um die Buchungsgarantie zu erhalten. Ein gleichzeitiger Wechsel in den Direct Access für Hin- und Rück/Weiterflug ist *nicht* möglich, der Wechsel ist separat vorzunehmen (siehe ausführliche Erklärungen zum Direct Access im Band »Amadeus Vista Command Page – Basics Air« Kapitel 7.4).

Weitere Eingaben

SS 1C2*Y12	Sell für 1 Passagier in unterschiedlichen Buchungklassen je Strecke
SS 1CY3*YC13	Unterschiedliche Buchungsklassen je Teilstrecke bei Umsteigeverbindungen

2.1.3 Long Sell

Anstelle des Short Sell kann eine Flugbuchung auch per Long Sell durchgeführt werden. Nach dem Transaktionscode sind Airline, Flugnummer, Buchungsklasse, Datum, City Pair und Platzanzahl zu nennen.

Eingabebeispiel

SS DL131J12JAN MUCATL1	Buchung für 1 Person in J-Klasse auf dem Flug DL131 für angegebenes Datum und Strecke

Ausgabe

```
RP/FRAL12357/
  1  DL 131 J 12JAN 1 MUCATL HK1        1045 1525      E 0
     SEE RTSVC
```

Abbildung 10: Segment Sell nach Long Sell

Erklärung Amadeus prüft, ob es den genannten Flug an diesem Tag im System gibt. Wenn ja, so wird das Flugsegment erstellt. Wenn nein, so erfolgt eine Rückweisung und die Availability für den genannten Tag und Strecke wird angezeigt.

Empfehlung Beachten Sie, dass Sie mit dem Long Sell *keine Buchungsgarantie* für Airlines haben, die aus dem Direct Access zu buchen sind. Deshalb sollten Sie den Long Sell nur für Airlines durchführen, deren Daten Sie sicher kennen. Andernfalls nutzen Sie die Abfrage AN/SN und nachfolgend den Short Sell oder den Sell aus dem Direct Access.

2.1.4 Buchung einer Warteliste

Erscheint im AN/SN Display hinter der Buchungsklasse die Anzeige 0 oder L oder W, so ist nur noch eine Wartelistenbuchung möglich. Einige Airlines verlangen bei der Segment Sell Eingabe den Zusatz /PE (Priority Waitlist), andernfalls erfolgt eine Rückweisung.

Der Einfachheit halber wird empfohlen, generell bei einer Wartelistenbuchung den Zusatz /PE anzugeben.

Empfehlung

```
AN17APRMADPMI/AIB
** AMADEUS AVAILABILITY - AN ** PMI PALMA MALLORCA.ES        41 TH 17APR 0000
 1    IB 760  C9 DR Y0 B0 H0 M0 L0 /MAD 2 PMI    0910    1025  E0/M88      1:15
               S0
 2    IB 790  C9 DL Y9 B9 H7 KR ML /MAD 2 PMI    1020    1135  E0/M87      1:15
               LL SL
 3    IB 762  C9 DL Y9 B9 HR KR QR /MAD 2 PMI    1155    1310  E0/M88      1:15
               MR LR SR
```

Availability (Auszug)

Abbildung 11: Availability Display mit nicht verfügbaren Buchungsklassen

Sie möchten für 1 Person den Flug IB760 in der Economy Class (Y) buchen.

SS 1Y1	Segment Sell

Eingabebeispiel

```
   IB 760  Y 17APR 4 MADPMI NICHT VERFUEGBAR, ABER WARTELISTE OFFEN
AD17APRMADPMI0910
** AMADEUS AVAILABILITY - AD ** PMI PALMA MALLORCA.ES        41 TH 17APR 0910
 1    IB 760  C9 DR Y0 B0 H0 M0 L0 /MAD 2 PMI    0910    1025  E0/M88      1:15
               S0
 2    JK 900  C9 D9 J9 Y9 B9 M9 H9 /MAD 2 PMI    0900    1015  0/717      1:15
               Q9 V0 L0 G0
```

Ausgabe (Auszug)

Abbildung 12: Availability Display mit Verweis auf offene Warteliste

Der gewünschte Flug wird beim normalen Segment Sell als nicht verfügbar zurückgewiesen und die Availability dargestellt. Folge: Die Wartelistenbuchung ist nur mit dem Zusatz /PE möglich.

Erklärung

SS 1Y1/PE	Buchung einer Warteliste

Eingabebeispiel

Ausgabe

```
RP/FRAL12357/
  1  IB 760 Y 17APR 4 MADPMI HL1          0910 1025    M88 E 0 M
     SEE RTSVC
```

Abbildung 13: Flugbuchung mit Wartelistenstatus

Erklärung Der Statuscode HL drückt aus, dass die Buchung auf die Warteliste gesetzt wurde.

Empfehlung Bei Wartelistenbuchung ist es empfehlenswert, eine Alternativbuchung für den Kunden vorzunehmen, für den Fall, dass die Warteliste von der Airline nicht bestätigt wird. Mit der Bestätigung der Warteliste sind Sie natürlich verpflichtet, die Alternativbuchung *sofort* zu streichen, um eine Doppelbuchung zu vermeiden.

2.2 Name Element

Mit der Transaktion NM (Name Element) nehmen Sie die Eingabe der Passagiernamen vor. Nach dem Transaktionscode folgen: Anzahl der Passagiere mit gleichem Familiennamen, der Familienname, der Vorname und die Anrede. In Abhängigkeit vom Passagier ist die Eingabe des Titels, des Passagiertyps (Kind oder Kleinkind) oder des Geburtsdatums notwendig.

Bei mehreren unterschiedlichen Namen erfolgt eine alphabetische Sortierung im PNR. In einem Single PNR können bis zu 9 Namen eingegeben werden.

Im Namenselement werden *keine Umlaute* und Sonderzeichen akzeptiert. Das Namenselement darf maximal 60 Zeichen lang sein (inklusive Leerzeichen). Wird diese Länge überschritten, erfolgt eine Rückweisung. In diesem konkreten Fall geben Sie bitte nur das erste Zeichen des Vornamens (Initiale) ein.

Es wird empfohlen, der besseren Lesbarkeit wegen, zwischen Vorname und Anrede ein Leerzeichen zu setzen. Beachten Sie aber, dass die Klammervermerke (bei Kindern, Kleinkindern etc.) *keine Leerzeichen* enthalten dürfen.

Wichtiger Hinweis Bitte achten Sie darauf, dass der Name *korrekt* geschrieben ist. In dem Moment, in dem der PNR abgeschlossen wurde, kann eine Namensänderung nur noch eingeschränkt in Abhängigkeit von den Bestimmungen der jeweiligen Airline vorgenommen werden (Änderung der Namen, siehe Kapitel 5.3).

Der Name im Flugticket muss identisch sein mit dem des Reisedokuments. Lassen Sie sich aus diesem Grund, vor allem bei komplizierten Namen, stets den Ausweis oder Reisepass zeigen, damit Ihrem Kunden nicht später bei der Einreise eventuell Probleme entstehen.

2.2.1 Single Passenger – Eingabe eines einzelnen Namens

NM 1BERG/JAN MR	Namenseingabe für Single Passenger	*Eingabebeispiele*
NM 1MUELLERJANSEN/LISA MRS	Mit Doppelname (*ohne* Bindestrich)	
NM 1SCHOLZ/HANNA PROF DR MRS	Name mit Titel	
NM 1VON BRUEL/WILHELM GRAF MR	Name mit Adelstitel	

```
RP/FRAL12357/
  1.BERG/JAN MR
  2  LH4106 C 10JAN 6 FRAMLA HK1        0930 1155    310 E 0
     NON-SMOKING FLIGHT
     SEE RTSVC
```

Ausgabe

Abbildung 14: PNR mit Name Element – Single Passenger

Der PNR enthält nun das Name Element mit der Laufnummer 1. Namenselemente werden grundsätzlich *vor* die Flugsegmente einsortiert, unabhängig von der Reihenfolge der Eingabe.

Erklärung

Dem Namen eines Kindes (Child) muss der Passenger Type (Passagiertyp) CHD in Klammern zugefügt werden. Dies bewirkt den automatischen Aufbau eines OSI-Elementes zur Information an die Airline (OSI=Other Service Information, siehe Kapitel 4.7). Bei der Preisberechnung wird automatisch die Kinderermäßigung berücksichtigt.

Kinder

NM 1KADEN/PAUL (CHD)	Namenseingabe für Kind (Child)	*Eingabebeispiel*

Ein Kleinkind (Infant) wird stets dem Namen der Begleitperson angefügt. Der Passenger Type INF für Infant, Schrägstrich und Vorname werden in Klammern gesetzt. Zur Information an die Airline wird automatisch ein OSI-Element aufgebaut, das aber unsichtbar bleibt. Bei der Preisberechnung wird automatisch die Infant Ermäßigung auf internationalen Strecken berücksichtigt.

Kleinkinder

Hinweise   Ein Kleinkind hat *keinen* Platzanspruch, daher wird auch keine Platzbuchung vorgenommen. Pro Erwachsenem kann *ein* Infant gebucht werden. Reist ein Passagier alleine mit mehreren Infants, so werden das zweite und jedes weitere Infant als Child gebucht und es muss auch der Kindertarif gezahlt werden.

Eingabebeispiele

NM 1WEISS/LENA MRS (INF/ANNE)	Erwachsener mit Kleinkind (gleicher Familienname)
NM 1STERN/JAN MR (INFWEISS/ANNE)	Erwachsener mit Kleinkind (verschiedene Familiennamen)

Kleinkind auf innerdeutschen Strecken   Die Namenseingabe eines Kleinkindes für eine innerdeutsche Buchung ist eine *Besonderheit.* Ein Kleinkind wird innerdeutsch kostenlos befördert, daher wird auch *kein* Ticket für das Kleinkind erstellt. Im Ticket der Begleitperson muss aber die Information (IDPLUSINF) aus Versicherungsgründen enthalten sein.

Eingabebeispiel

NM 1ROTH/INA MRS (INF/KAI) (IDPLUSINF)	Erwachsener mit Kleinkind (innerdeutsch)

Jugendliche/ Studenten   Bei Jugendlichen und Studenten ist es zwingend, das Geburtsdatum in dem Zusatz IDDOB (Identity Date of Birth) anzugeben. Nur durch die Angabe des Geburtsdatums kann bei der Preisberechnung der Jugend/Studententarif oder die Jugend/Studenten-Ermäßigung berücksichtigt werden.

Hinweis   Manche Airlines verlangen die Angabe des »Date of Birth« auch bei Kindern und Senioren. Ist dies zutreffend, so ist dies der jeweiligen Fare Note (Tarifbestimmungen) zu entnehmen.

Eingabebeispiel

NM 1HERBST/TOM MR (IDDOB30NOV87)	Jugendlicher/Student mit Date of Birth

2.2.2 Multiple Passengers – Eingabe mehrerer Namen

Passagiere mit dem gleichen Familiennamen werden zahlenmäßig *zusammen* erfasst. Weitere Familiennamen können hintereinander in *einer* Eingabe folgen.

Reicht bei einer langen Eingabe (z.B. bei 9 Einzelpersonen mit unterschiedlichen Nachnamen) die Bildschirmzeile nicht aus, so schreiben Sie *ohne Unterbrechung* in der folgenden Zeile weiter.

Die Namenselemente können auch nach und nach mit mehreren NM-Transaktionen aufgebaut werden. Das Ergebnis ist identisch; es erfolgt stets eine alphabetische Sortierung anhand des Familiennamens.

NM 3KLEIN/HANS MR/UTE MRS/TIM (CHD)	2 Erwachsene und 1 Kind mit gleichem Nachnamen	*Eingabebeispiele*
NM 1PEAK/JOHN MR 1ROTH/KATHY MRS	2 Erwachsene mit unterschiedlichen Nachnamen	
NM 2JONG/RINGO MR/PIA MRS (INF/KIM) 1WINTER/JANE MRS	Kombinierte Eingabe (Eingabe erfolgt hintereinander ohne manuellen Zeilenumbruch)	

Ausgabe

```
RP/FRAL12357/
  1.KLEIN/HANS MR   2.KLEIN/UTE MRS   3.KLEIN/TIM(CHD)
  4   AF1423 K 15JAN 4 MUCCDG HK3      0925 1105    735 E 0 S
      SEE RTSVC
  5   AF2522 K 17JAN 6 CDGMUC HK3     2F 1825 2000   320 E 0 M
      SEE RTSVC
  6 OSI YY 1CHD/P3
```

Abbildung 15: PNR mit Name Element – Multiple Passengers

Die Namen wurden im PNR erstellt und jeder Name erhält eine Laufnummer. Für das Child (Passagier mit der Laufnummer 3) wurde automatisch das OSI-Element (Laufnummer 6) erzeugt.

Erklärung

Erhalten Sie nach einer Namenseingabe eine Fehlermeldung, die mit UNGUELTIGES FORMAT/NICHT VERARBEITET beginnt, so überprüfen Sie mit der Eingabe RT, ob ein Teil der Namen bereits akzeptiert wurde und ergänzen anschließend die noch fehlenden Namen. Nur so vermeiden Sie, dass Sie korrekt eingegebene Namen doppelt erfassen.

Wichtige Empfehlung

2.3 Contact Element

Mit der Transaktion AP (Address and Phone) geben Sie die Telefonnummer, Faxnummer oder E-Mail-Adresse des Kunden ein. Über die

Kennung H=Home, B=Business oder A=Agency definieren Sie näher, um welche Art von Telefonnummer es sich handelt.

Das AP-Element darf maximal 90 Zeichen umfassen und Sie haben die Möglichkeit, bis zu 127 AP-Elemente pro PNR zu erstellen.

Empfehlung   Generell ist die Eingabe im AP-Element frei wählbar, jedoch sollten Sie die von Amadeus empfohlenen Eingaben/Formate nutzen.

Hinweise   Wie bereits erwähnt, sollten Sie in diesem Element den Kontakt zum *Kunden* notieren, damit bei Notwendigkeit der Kunde *jederzeit* erreicht werden kann (z.B. bei kurzfristiger Flugunregelmäßigkeit).

In vielen Büros ist es üblich, dass die eigene Telefonnummer eingetragen wird. Dies ist allerdings wenig sinnvoll, da Amadeus Airlines Ihre Büro-Telefonnummer anhand Ihres Office Codes im PNR über die Transaktion PV (Office Profile) jederzeit abfragen können. Und für Airlines, die Amadeus nicht als Reservierungssystem benutzen, erstellt Amadeus *automatisch* ein OSI-Element, in dem Name und Telefonnummer vermerkt sind.

Eingabebeispiele

AP 089-121416-H	Private Telefonnummer (H=Home)
AP 030-121517-B	Geschäftliche Telefonnummer (B=Business)
APF-069-121420-B	Geschäftliche Faxnummer (F=Fax)
APE-HANS.MUSTER@gmx.de	E-Mail-Adresse (E=E-Mail)
AP 069-121418-H/P1	Mit Passagierzuordnung
AP 0617-121518-A	Agency-Telefonnummer (A=Agency)
AP	Agency-Name und Telefonnummer aus dem Office Profile

Ausgabe

```
RP/FRAL12357/
  1.KLEIN/HANS MR   2.KLEIN/UTE MRS   3.KLEIN/TIM(CHD)
  4   AF1423 K 15JAN 4 MUCCDG HK3        0925 1105   735 E 0 S
      SEE RTSVC
  5   AF2522 K 17JAN 6 CDGMUC HK3     2F 1825 2000   320 E 0 M
      SEE RTSVC
  6 AP 089-121416-H
  7 OSI YY 1CHD/P3
```

Abbildung 16: PNR mit Contact Element

Erklärung   Der PNR enthält nun mit der Laufnummer 6 das Contact Element, in dem die private Telefonnummer angegeben ist.

2.4 Ticketing Element

Mit der Transaktion TK (Ticketing Element) wird der mit dem Kunden vereinbarte Ticketkauftermin erfasst und durch das System überwacht. Zu dem genannten Termin erfolgt eine automatische Wiedervorlage, indem der PNR in die Queue 8 gesetzt wird (Thema Queue – siehe Kapitel 12).

Hinweise

Beachten Sie, dass bei Buchungen zum Sondertarif die von der Airline in den Tarifbestimmungen (Fare Note) definierten Fristen für den Ticketkauf einzuhalten sind, andernfalls erfolgt eine *automatische Annullierung* der Buchung durch die Airline.

Wenn Sie die Option MA (Mail) benutzen, ist es sinnvoll, die Adresse des Kunden im AM-Element zu notieren (Address Element, siehe Kapitel 4.6).

Bitte nutzen Sie die Eingabe TK OK nur, wenn das Ticket *wirklich sofort* ausgestellt wird. Damit vermeiden Sie bei der Fluggesellschaft unnötige No-Shows. Die Airline ist berechtigt, dem Verursacher die No-Show-Gebühren in Rechnung zu stellen.

Automatische Stornierung

Mit der Eingabe TK XL veranlassen Sie zu einem bestimmten Datum die automatische Stornierung der Buchung, wenn das Ticket nicht vorher gekauft wurde. Das Stornierungsdatum muss *vor* dem Datum des ersten Flugsegments liegen. In der Nacht vor dem angegebenen Datum werden automatisch die Transaktionen XI und ET (Stornierung und PNR Abschluss) ausgeführt. Es findet *keine Queue Platzierung* statt. Wird das Ticket ausgestellt, so wird TK XL in TK OK umgewandelt.

Eingabebeispiele

TK TL10DEC	Ticket Time Limit für den 10. Dezember
TK TL10DEC/1800	Ticketkauftermin mit Datum und Uhrzeit (Local Time)
TK MA15DEC	Ticket soll zum angegebenen Datum ausgestellt und verschickt werden (MA=Mail).
TK OK	Ticket ist bereits oder wird sofort ausgestellt.
TK XL20DEC	Automatische Stornierung der Buchung in der *Nacht vom 19. auf den 20. Dezember* (es erfolgt keine Queue Platzierung).
TK XL20DEC1800	Automatische Stornierung zu angegebenem Datum und Uhrzeit (Local Time); es erfolgt keine Queue Platzierung.

Ausgabe

```
RP/FRAL12357/
  1.KLEIN/HANS MR   2.KLEIN/UTE MRS   3.KLEIN/TIM(CHD)
  4  AF1423 K 15JAN 4 MUCCDG HK3        0925 1105   735 E 0 S
     SEE RTSVC
  5  AF2522 K 17JAN 6 CDGMUC HK3     2F 1825 2000   320 E 0 M
     SEE RTSVC
  6 AP 089-121416-H
  7 TK TL10DEC/FRAL12357
  8 OSI YY 1CHD/P3
```

Abbildung 17: PNR mit Ticket Time Limit

Erklärung

Der PNR enthält nun mit der Laufnummer 7 den vereinbarten Ticket-kauftermin. Das System ergänzt standardmäßig die Office ID Ihres Büros für die Queue Platzierung.

2.5 Received From Element

Mit der Transaktion RF (Received From) wird ein Bearbeitungsvorgang im PNR quittiert, indem der Auftraggeber der Buchung und das Kürzel des Agenten (mit *Bindestrich* getrennt) eingegeben werden. Es können maximal 69 Zeichen (aber kein Schrägstrich) eingegeben werden.

Erfolgte die Anmeldung in Amadeus mit einem *persönlichen Sign*, so kann auf die Eingabe des Agentenkürzels verzichtet werden.

Hinweis

Das RF-Element ist generell in Amadeus ein Pflichtelement, aber im deutschen Markt nicht als Pflichtelement definiert. Es kann aber auf Wunsch des Büros bzw. der Reisebürokette beim Amadeus Germany Help Desk als Pflichtelement aktiviert werden.

Empfehlung

Es wird empfohlen, das RF-Element immer dann einzugeben, wenn der Kunde eine Buchung, Umbuchung oder Stornierung beauftragt hat. Nur so sind Sie in der Lage, speziell bei kritischen Rechtsfällen, anhand der PNR History (siehe Kapitel 13) nachweisen zu können, was konkret und durch wen an der Buchung vorgenommen wurde.

Eingabebeispiele

RF MRS KLEIN-TEI	Auftraggeber der Buchung und Agentenkürzel
RF MRS KLEIN	Auftraggeber der Buchung
RF TEI	Agentenkürzel

```
RP/FRAL12357/
RF MRSKLEIN-TEI
  1.KLEIN/HANS MR   2.KLEIN/UTE MRS   3.KLEIN/TIM(CHD)
  4  AF1423 K 15JAN 4 MUCCDG HK3         0925 1105   735 E 0 S
     SEE RTSVC
  5  AF2522 K 17JAN 6 CDGMUC HK3      2F 1825 2000   320 E 0 M
     SEE RTSVC
  6 AP 089-121416-H
  7 TK TL10DEC/FRAL12357
  8 OSI YY 1CHD/P3
```

Abbildung 18: PNR mit Received From Element

Die Received From Information erscheint unterhalb der PNR Kopfzeile *Erklärung* und enthält keine Laufnummer, da das Element beim PNR Abschluss in die PNR History transferiert wird und vom System mit Sign, Duty Code, Datum und Uhrzeit ergänzt wird.

Beim Wiederaufruf des PNRs ist das RF-Element nicht mehr sichtbar, da jeder Bearbeitungsvorgang durch ein RF-Element *erneut* quittiert werden sollte.

2.6 PNR Abschluss

Enthält der PNR die komplette Buchung und alle Informationen zum Passagier, dann erfolgt der PNR Abschluss. Amadeus vergibt einen 6-stelligen Record Locator (auch Recloc oder File Key genannt) und stellt die Kopie des PNRs am Bildschirm dar. Das Original des PNRs ist im Amadeus Central System gespeichert.

Beim PNR Abschluss wird (wenn zutreffend) auf fehlende Pflichtelemente hingewiesen oder es können auch Warnhinweise erscheinen. In diesem Fall geben Sie die fehlenden Elemente ein bzw. befolgen die Warnung und schließen den PNR erneut ab.

Wird ein PNR mit einer Buchung aus dem Amadeus Access oder Standard Access nicht innerhalb von 60 Minuten abgeschlossen, so wird der *Hinweise* Status Code auf NN (need) gesetzt und nach Ablauf von 180 Minuten erhalten Sie die Aufforderung: PNR IN 3 STUNDEN NICHT GEAENDERT. BITTE IGNORIEREN (Funktion Ignore, siehe Kapitel 2.6.2).

Eine Buchung aus dem Direct Access muss innerhalb von 30 Minuten abgeschlossen werden.

2.6.1 End Transaction

Mit der Transaktion ET (End Transaction) wird der PNR abgeschlossen und der 6-stellige Record Locator am Ende des PNRs angezeigt.

Eingabe	ET	End Transaction; PNR wird beendet.

Ausgabe

```
RP/FRAL12357/
RF MRSKLEIN-TEI
  1.KLEIN/HANS MR   2.KLEIN/UTE MRS   3.KLEIN/TIM(CHD)
  4  AF1423 K 15JAN 4 MUCCDG HK3         0925 1105   735 E 0 S
     SEE RTSVC
  5  AF2522 K 17JAN 6 CDGMUC HK3       2F 1825 2000  320 E 0 M
     SEE RTSVC
  6 AP 089-121416-H
  7 TK TL10DEC/FRAL12357
  8 OSI YY 1CHD/P3
>ET
BUCHUNG ABGESCHLOSSEN - YVI2SE
```

Abbildung 19: PNR nach Abschluss mit ET

End Transaction and Redisplay

Mit der Transaktion ER (End Transaction and Redisplay) wird der PNR abgeschlossen und gleichzeitig wieder aufgerufen. Diese Funktion dient dem zwischenzeitlichen Abschluss des PNRs und der anschließenden Weiterbearbeitung, d.h. es erfolgt ein Zwischenspeichern.

Eingabe	ER	End Transaction and Redisplay; Buchungsabschluss und gleichzeitiger Wiederaufruf

Ausgabe

```
--- RLR ---
RP/FRAL12357/FRAL12357          TE/GS   13MARxx/0929Z    YVJRLE
  1.BERG/JAN MR
  2  LH4106 C 10JAN 6 FRAMLA HK1  0900 1  0930 1155   *1A/E*
  3 AP 069-151719-B
  4 APF 069-151722-B
  5 TK TL03JAN/FRAL12357
```

Abbildung 20: PNR nach Abschluss und Wiederaufruf (ER)

Erklärung

Der PNR wurde abgeschlossen (Vergabe des Record Locators YVJRLE) und gleichzeitig wieder aufgerufen, so dass er nun weiterbearbeitet werden kann.

2.6.2 Ignore

Die Transaktion IG (Ignore) hat folgende Bedeutungen:

* Es werden alle Transaktionen, die seit dem letzten PNR Aufruf vorgenommen wurden, ignoriert und der PNR unverändert ins System zurückgestellt.
* Wurde ein PNR aufgerufen, aber keine Bearbeitung vorgenommen, wird er unverändert mit IG ins System zurückgestellt.
* Wurde ein PNR noch nicht abgeschlossen, d.h. noch kein Recloc vergeben, dann wird dieser mit IG komplett gelöscht. Alle vorherigen Eingaben gehen damit verloren.

IG	Ignore; PNR wird ignoriert.

Eingabe

```
--- RLR ---
RP/FRAL12357/FRAL12357          TE/GS   13MARxx/0929Z    YVJRLE
  1.BERG/JAN MR
  2   LH4106 C 10JAN 6 FRAMLA HK1  0900 1  0930 1155    *1A/E*
  3 AP 069-151719-B
  4 APF 069-151722-B
  5 TK TL03JAN/FRAL12357
>IG
IGNORIERT - YVJRLE
```

Ausgabe

Abbildung 21: PNR wurde ignoriert

Der PNR wurde aufgerufen und mit IG unverändert ins System zurückgestellt.

Erklärung

Mit der Transaktion IR (Ignore and Redisplay) werden alle Transaktionen seit dem letzten PNR Aufruf ignoriert und der PNR wieder angezeigt. Diese Funktion ermöglicht es, Fehleingaben rückgängig zu machen und den PNR im vorherigen Zustand wieder darzustellen.

Ignore and Redisplay

IR	Ignore and Redisplay; alle seit dem PNR Aufruf vorgenommenen Eingaben werden ignoriert und der PNR in seinem Urzustand wieder dargestellt.

Eingabe

2.7 Multi Element Processing – Mehrfacheingabe

Mit der Mehrfacheingabe haben Sie die Möglichkeit, mehrere Transaktionen einzugeben und mit einer einzigen Datenübertragung an das System zu übermitteln. Dialogzeiten werden dadurch erheblich reduziert.

Die Eingaben werden mit Semikolon (;) getrennt und hintereinander geschrieben. Bei Zeilenende geht der Cursor in die nächste Zeile und Sie setzen Ihre Eingabe fort.

Hinweis Multi Element Processing ist für Pflicht- und optionale PNR Elemente möglich. Beachten Sie aber, dass eine Passagier- und/oder Segmentzuordnung (siehe Kapitel 4.1) erst vorgenommen werden kann, wenn die Namen und Flugsegmente im PNR enthalten und mit einer Laufnummer versehen sind.

Beispiel
```
RP/FRAL12357/
   1.JAHN/HANS MR    2.PFEIFER/HELEN MRS
   3  SK 640 C 20JAN 2 FRACPH HK2         0950 1110    M80 E 0 0
      SEE RTSVC
 >AP06172-404020-B;TKTL10JAN;RFMRJAHN
```

Abbildung 22: PNR Multi Element Processing – Variante 1

Alternativ können die Transaktionen untereinander aufgeführt und in einer Datenübertragung abgeschickt werden; Zeilenvorschub durch die Tastenfunktion: (Strg) + (Enter).

Beispiel
```
RP/FRAL12357/
   1.JAHN/HANS MR    2.PFEIFER/HELEN MRS
   3  SK 640 C 20JAN 2 FRACPH HK2         0950 1110    M80 E 0 0
      SEE RTSVC
 >AP06172-404020-B
 TKTL10JAN
 RFMRJAHN
```

Abbildung 23: PNR Multi Element Processing – Variante 2

3 PNR Retrieval

Mit der Transaktion RT (Retrieval) wird ein PNR aus dem System aufgerufen, um sich über den Stand der Buchung zu informieren oder um
den PNR aktiv zu bearbeiten.

Informationen und Hilfen zu diesem Thema finden Sie unter:

Infos und Hilfen

| HE PNR RETRIEVE | Übersicht aller HELP Seiten zur Funktion PNR Retrieval |
| HE RT | HELP Abfrage mittels Transaktion |

3.1 Retrieval – Standardabfragen

Sie haben diverse Möglichkeiten, ein Retrieval durchzuführen. Die
gängigste Abfrage aber ist die über den *Namen*. Nachfolgend werden die
wichtigsten und am meisten genutzen Eingaben/Formate genannt und
definiert.

| RT/KLEIN | Retrieval; PNR Aufruf mit Familienname |

Eingabebeispiel

Ausgabe

```
--- RLR ---
RP/FRAL12357/FRAL12357          TE/GS  13MARxx/0911Z   YVI2SE
  1.KLEIN/HANS MR   2.KLEIN/UTE MRS   3.KLEIN/TIM(CHD)
  4  AF1423 K 15JAN 4 MUCCDG HK3  0840    0925 1105   *1A/E*
  5  AF2522 K 17JAN 6 CDGMUC HK3  1740 2F 1825 2000   *1A/E*
  6 AP 089-121416-H
  7 TK TL10DEC/FRAL12357
  8 OSI YY 1CHD/P3
```

Abbildung 24: PNR nach Wiederaufruf

Der PNR der Familie Klein wird nach dem Retrieval am Bildschirm
dargestellt.

Erklärung

1. Zeile:	RLR		PNR Header Line (Kopfzeile); diese kann folgende Anzeigen beinhalten:
		AXR	Associated Cross Reference Record; ausführliche Erklärung im Kapitel 6.2.
		NHP	Non Homogeneous PNR; ausführliche Erklärung im Kapitel 6.
		RLR	Record Locator Return; Hinweis darauf, dass der Recloc aus dem Rechner der Airline an Amadeus übermittelt wurde. Mit der Eingabe RL wird dieser für die jeweilige Airline angezeigt. Er ist nützlich bei telefonischen Kontakten mit der Airline. Unter GGPCALFUN (List Function) können Sie nachlesen, welche Airline die Recloc Return Funktion unterstützt.
			Weitere Informationen zur PNR Kopfzeile erhalten Sie unter: HE HEADER.
2. Zeile:	RP/FRAL12357		RP = Responsibility; Büro, das die Buchung erstellt hat und für die Buchung verantwortlich ist.
	/FRAL12357		Queueing Office; Büro, welches verantwortlich ist für die Queue Bearbeitung.
	TE/GS		Agent Sign und Duty Code (General Sales)
	13MARxx/0911Z		Datum und Uhrzeit der Erstellung bzw. letzten Bearbeitung (Z = Zulo/Universal Time Coordinated)
	YVI2SE		Amadeus Record Locator
3. Zeile:	Namen mit den Laufnummern 1 bis 3		
4./5. Zeile:	Flugsegmente mit den Laufnummern 4 und 5		
	*1A		Buchung wurde in Amadeus vorgenommen.
	/E*		Elektronisches Ticketing wäre möglich.
6.–8. Zeile:	Restliche PNR Elemente (AP, TK, OSI) mit den Laufnummern 6 bis 8		

Weitere Hinweise Die Daten eines PNRs sind gegen den Zugriff durch andere Büros geschützt. Daher hat ein Büro nur Zugriff auf die *eigenen PNRs*, es sei denn es wurde ein Zugriff erteilt (innerhalb von Büros einer Kette oder zwischen Partnerbüros).

Ein PNR ist bis 3 Tage nach dem Datum – bezogen auf das letzte Flugsegment – abrufbar, ganz gleich, ob der PNR aktive oder stornierte Flugsegmente enthält.

Findet das System keinen PNR, auch nicht mit ähnlichem Namen, so erscheint als Antwort: KEINE NAMEN.

Ist ein PNR bereits in Ihrer Work Area geöffnet, wird dieser mit der Eingabe RT in seiner aktuellsten Version dargestellt.

Weitere Eingaben

RT	Retrieval; Anzeige des geöffneten und aktiven PNRs in seiner aktuellsten Version
RT/K	Abfrage auf den Anfangsbuchstaben des Nachnamens (ein oder mehrere Anfangsbuchstaben)
RT/KLEIN*A	Abfrage mit Namen; nur aktive PNRs (A=Active Segments)
RT/17JAN-KLEIN	Abfrage mit Datum und Name
RT ABCD1F	Abfrage mit dem 6-stelligen Record Locator
RT/FRAL12358-GROSS	Abfrage für ein Partnerbüro (wenn Zugriffsrechte erteilt wurden)

3.2 Similar Name List

Findet das System nur *einen* PNR, so wird dieser dargestellt. Findet das System mehrere PNRs auf den angegebenen Namen oder Anfangsbuchstaben, so wird eine alphabetisch sortierte »Similar Name List« angezeigt.

Eingabebeispiel

RT/K	Retrieval auf den Anfangsbuchstaben des Namens

Ausgabe

```
RT/K
  1 KEIL/REGINAMRS ·        KEIN ITINERARY AKTIV        ZXCKDS
  2 KLEIN/HANSMR/UTEMRS+  AF   1423 K  15JAN   MUCCDG  3 YVI2SE
  3 KLEIN/HANSMR/UTEMRS+    KEIN ITINERARY AKTIV        ZAOGE8
  4 KRUG/CLAUDIAMRS         KEIN ITINERARY AKTIV        ZWT2U9
  5 KRUGER/JENSMR/PIAMRS+ LH    400 C  10JAN   FRAJFK  4 ZZWXY3
```

Abbildung 25: PNR – Similar Name List

Auf den Anfangsbuchstaben »K« hat das System mehrere PNRs für das Office ermittelt. Die Liste zeigt folgende Informationen je Spalte:

Erklärung

1. Spalte:	Laufnummer des PNRs	
2. Spalte:	Namen im PNR; das + weist darauf hin, dass weitere Namen im PNR enthalten sind.	
3. Spalte:	AF 1423 K 15JAN...	Abflugsdaten im PNR
	KEIN ITINERARY AKTIV	PNR ohne aktive Segmente, d.h. der PNR wurde storniert.

4. Spalte:	3	Gesamtanzahl der gebuchten Passagiere im PNR
5. Spalte:	ZXCKDS	Record Locator des PNRs

PNR Aufruf aus Liste

Mit RT und der Laufnummer des Namens rufen Sie den gewünschten PNR auf, z.B. RT2. Anschließend können Sie ohne erneuten Aufruf der Namensliste anhand der Laufnummer auf einen anderen PNR der im Hintergrund gespeicherten Liste zugreifen, z.B. RT5.

Mit der Eingabe RT0 wird der dargestellte PNR ignoriert, das heißt ins System zurückgestellt, und die vorherige Namensliste angezeigt.

Eingabebeispiele

RT 2	PNR Aufruf aus der Similar Name List
RT 0	Zurück zur vorherigen Similar Name List

3.3 Partial PNR Display – Selektive Anzeige von PNR Elementen

Haben Sie einen PNR aufgerufen und stellen fest, dass dieser sehr umfangreich ist, Sie sich aber nur über bestimmte Elemente im PNR informieren wollen, so haben Sie die Möglichkeit der selektiven Anzeige. Die Transaktion RT wird mit dem entsprechenden Code ergänzt.

Eingabebeispiele

RTA	Air Segments	Aufruf der Flugsegmente
RTF	Fare Elements	Aufruf der Fare Elemente
RTG	General Facts	Aufruf der Elemente: SR, OS
RTN	Name Elements	Aufruf der Namenselemente
RTO	Option Elements	Aufruf der Optionselemente
RTR	Remarks	Aufruf der Remarks (Vermerke)
RTN,A	Name und Air	Kombinierte Eingabe; Namenselemente und Flugsegmente

Hinweise

Weitere Abfragen mit dem entsprechenden Code für die selektive PNR Anzeige sind möglich; Sie erhalten diese unter: HE RT; GP PAR.

Möchten Sie nach einer selektiven PNR Anzeige wieder zurück zur vollständigen PNR Darstellung, so geben Sie RT ein.

4 PNR Optionale Elemente

Zusätzlich zu den bereits beschriebenen PNR Pflichtelementen gibt es die optionalen Elemente im PNR. Deren Eingabe ist abhängig von dem konkreten Kundenwunsch.

Informationen und Hilfen zu diesem Thema finden Sie unter:

Infos und Hilfen

HE PNR	Übersicht aller HELP Seiten zum Passenger Name Record
HE SI	HELP Seite zu einer bestimmten Transaktion

4.1 Passenger and Segment Association

PNR Elemente können bei Bedarf bestimmten Passagieren zugeordnet werden und spezielle Serviceleistungen können für einen bestimmten Flug angefordert werden. In diesen Fällen ist eine Passagier- und/oder Segmentzuordnung notwendig. Sie wird über die Kennung /P für Passagier und /S für Segment eingegeben und mit der jeweiligen Laufnummer versehen.

Passagier- und Segmentzuordnung können miteinander in beliebiger Reihenfolge kombiniert werden.

AP 089-607077-B/P1	Zuordnung für Passagier mit Laufnummer 1

Eingabebeispiel

Ausgabe

```
--- RLR ---
RP/FRAL12357/FRAL12357          TE/GS  31MARxx/1236Z   ZAOGE8
  1.KLEIN/HANS MR   2.KLEIN/UTE MRS   3.KLEIN/TIM(CHD)
  4   AF1423 K 15JAN 4 MUCCDG HK3  0840    0925 1105   *1A/E*
  5   AF2522 K 17JAN 6 CDGMUC HK3  1740 2F 1825 2000   *1A/E*
  6 AP 089-121416-H
  7 AP 089-607077-B/P1
  8 TK TL10DEC/FRAL12357
  9 OSI YY 1CHD/P3
```

Abbildung 26: PNR – AP Element mit Passagierzuordnung

Erklärung Der PNR enthält in der Laufnummer 7 das Contact Element (AP) mit der geschäftlichen Telefonnummer. Es wurde dem Passagier mit der Laufnummer 1 zugeordnet.

Weitere Eingaben

.../P1-2,4	Zuordnung für mehrere Passagiere
.../S5	Zuordnung für Segment mit Laufnummer 5
.../S4-6,8	Zuordnung für mehrere Segmente
.../P1-2/S5-6	Kombinierte Passagier- und Segmentzuordnung

4.2 OPEN Segment

Mit der Transaktion SO (Segment Open) wird die Erstellung eines offenen Segments vorgenommen. Ein offenes Segment wird eingegeben, wenn Ihr Kunde das Ticket kaufen möchte, aber für einen Teil seiner Reise noch keine konkrete Buchung vornehmen kann.

Offene Flugsegmente werden bei der Tarifberechnung berücksichtigt. Deshalb ist die Angabe der Buchungsklasse erforderlich. Es wird ein Flugcoupon ohne konkretes Reisedatum für die Strecke (offener Coupon) ausgestellt.

Eingabebeispiel

SO LH C HAMMUC	Segment Open; offenes Flugsegment mit Angabe der Airline, Buchungsklasse und Strecke

Ausgabe

```
RP/FRAL12357/
  1.TEICHGRAEBER/GISELA MRS
  2  LH 040 C 10JAN 6 MUCHAM HK1        0905 1020    32S E 0
  3  LHOPEN C         HAMMUC
```

Abbildung 27: PNR mit offenem Flugsegment

Erklärung Der PNR enthält mit der Laufnummer 3 den offenen Rückflug mit Angabe der Airline, Buchungsklasse und Strecke.

Hinweise Bitte beachten Sie, dass offene Segmente nur erstellt werden können, wenn die Tarifbedingungen dies erlauben. Speziell für Sondertarife ist dies meist *nicht* möglich.

Der PNR muss mindestens *ein* gebuchtes Segment enthalten, damit ein PNR Abschluss möglich ist. Eine Flugscheinerstellung mit komplett offenen Segmenten ist nur im »Temporary Ticket Mode« möglich.

Die Eingabe kann mit oder ohne Datum erfolgen. Wir empfehlen aber die Eingabe *mit* Datum, damit stets eine korrekte chronologische Sortierung im PNR erfolgt. Das Datum erscheint *nicht* im Ticket.

Empfehlung

SO LHC15JAN HAMMUC	Mit Angabe der Airline, Buchungsklasse, Datum und Strecke
SO SALH/J20JAN CPTFRA	Mit der Wahl zweier Airlines, Angabe der Buchungsklasse für die erstgenannte Airline, Datum und Strecke

Weitere Eingaben

4.3 Segment Information

Mit der Transaktion SI (Segment Information) wird ein Informationssegment erstellt. Ist der Streckenverlauf im PNR nicht kontinuierlich (Lücke in der Reiseroute oder Airportwechsel), empfehlen wir Ihnen, ein Informationssegment für die Surface Strecke einzugeben. Damit vermeiden Sie unnötige Rückfragen beim Kunden und die Warning Message (Warnmeldung) SEGMENTKONTINUITAET UEBERPRUEFEN beim PNR Abschluss.
Es gibt die folgenden zwei Möglichkeiten:

ARNK (Arrival not known)   Lücke in der Reiseroute; die Art der Beförderung ist nicht bekannt.

Information Flight Segment   Ankunftsinformation für Anschlussflug; dieser Flug ist Teil der Reise des Passagiers, wurde aber *nicht* in Amadeus gebucht und wird auch nicht berücksichtigt bei der Tarifberechnung und Ticketausstellung. Es dient lediglich der Information.

Die Erstellung eines Information Flight Segments für Amadeus System User Airlines ist *nicht* möglich. Unter GGPCAXX (XX=Airline Code) können Sie nachlesen, ob die jeweilige Airline Amadeus System User ist.

SI ARNK	Arrival not known; Ankunft nicht bekannt

Eingabebeispiel

Ausgabe

```
RP/FRAL12357/
  1.SEIBT/HANS MR
  2  AF1019 C 10JAN 6 FRACDG HK1       2  0725 0845   321 E 0 B
  3  ARNK
  4  LH4143 C 12JAN 1 NCEFRA HK1          0630 0820   737 E 0
  5 AP 069-121316-B
  6 TK TL05JAN/FRAL12357
```

Abbildung 28: PNR mit Segment Information ARNK

Erklärung

Die Segment Information ARNK wurde automatisch an die Stelle der Bodenbeförderung (Surface) gesetzt.

Analog verfahren Sie bei einem Airportwechsel. Beim Ticketdruck wird für die Surface Strecke ein VOID Coupon gedruckt.

Weitere Eingaben

SI ARNK12JAN	Mit Datumsangabe
SI KL1231C15JAN AMSCDG HK1/09451055	Information Flight Segment mit Angabe: Flugnummer, Buchungsklasse, Datum, City Pair, Status, Passagieranzahl, Abflugs- und Ankunftszeit

4.4 Remarks

Das Remark Element enthält interne Vermerke im PNR, die als freier Text formuliert werden. Sie werden *nicht* an Fluggesellschaften übermittelt. Andere Büros und Airlines können den Vermerk nur lesen, wenn sie einen Zugriff auf den PNR oder das Remark haben.

In einem Remark werden maximal 126 Zeichen akzeptiert; Sie haben aber die Möglichkeit, bis zu 127 Remarks je PNR zu erstellen.

Folgende Remarks stehen zur Verfügung:

RM   Remark General

Allgemeines Remark für freie Texteingabe (Bemerkungen und Hinweise zum Passagier und seiner Buchung).

Dieses Remark kann zusätzlich in die Kategorien A bis Z beliebig unterteilt werden, um so bestimmte Inhalte zu sortieren; z.B:
A = Airline Informationen
C = Car Informationen
H = Hotel Informationen
S = Info zu Seat Reservation etc.

RC Remark Confidential	Vertraulicher Vermerk; er kann nur von dem Büro gelesen werden, das den PNR erstellt hat. Es können zusätzlich bis maximal 3 Partnerbüros benannt werden, die Zugriff auf diese Information erhalten.
RX Remark Corporate	Vermerk ist nur lesbar innerhalb einer Corporation; z.B. innerhalb einer Reisebürokette oder Unternehmensgruppe mit dem gleichen Corporate Code in der Office ID.

RM PAX UEBER UMBUCHUNGS BEDINGUNGEN INFORMIERT	Remark General; allgemeiner Vermerk	*Eingabebeispiel*

```
RP/FRAL12357/
  1.BERG/THOMAS MR    2.MANN/NINA MRS
  3  LH4130 Y 19JAN 1 FRANCE HK2        0745 0915    737 E 0
  4  LH4139 Y 22JAN 4 NCEFRA HK2        1910 2055    32S E 0
  5 AP 06172-465789-B
  6 RM PAX UEBER UMBUCHUNGSBEDINGUNGEN INFORMIERT
```

Ausgabe

Abbildung 29: PNR mit Remark General

Der PNR enthält das Remark Element mit der Laufnummer 6.   *Erklärung*

RM PAX UEBER UMBUCHUNGS BEDINGUNGEN INFORMIERT/P2	Allgemeiner Vermerk mit Passagierzuordnung	*Weitere Eingaben*
RMH/ MERCURE HOTEL BUCHEN	Remark mit Category, unterteilt von A bis Z (hier: H für Hotel Info)	
RC FREIER TEXT	Remark Confidential; vertraulicher Vermerk	
RC FRAL12358/FREIER TEXT	Vertraulicher Vermerk für Partnerbüro	
RC FRAL12358,QSHL12902, QSHL12903/TEXT	Für maximal 3 Partnerbüros (durch Komma getrennt)	
RX FREIER TEXT	Remark Corporate	

4.5 Option Element

Die Option dient als Wiedervorlage des PNRs zu einem bestimmten Datum. Über die Queue werden Sie durch das System daran erinnert. Der PNR läuft in der Queue 3 auf.

Empfehlung Wir empfehlen Ihnen, nach dem Datum einen kurzen Vermerk anzufügen, der den Grund der Wiedervorlage angibt. Dieser Vermerk darf maximal 40 Zeichen freien Text enthalten. Pro PNR können maximal 8 Optionen eingegeben werden.

Eingabebeispiel

OP 30NOV/VISUM FUER KENIA	Option mit Zusatzvermerk

Ausgabe

```
RP/FRAL12357/
  1.VANDEMEER/BJORN MR
  2  KL1824 J 20JAN 2 TXLAMS HK1         1130 1300    737 E 0
  3  KL 565 J 25JAN 7 AMSNBO HK1         1045 2050    M11   0
  4 AP 030-121618-B
  5 OP FRAL12357/30NOV/VISUM FUER KENIA
```

Abbildung 30: PNR mit Option

Erklärung Die Option wurde mit der Laufnummer 5 im PNR einsortiert. Das System ergänzt standardmäßig den Office Code für die Queue Platzierung. Am 30. November gelangt dieser PNR in die Queue 3. Somit werden Sie daran erinnert, das Einreisevisum zu beantragen.

4.6 Address Element

Die Transaktionen AM (Address Mail) und AB (Address Billing) stehen für die Eingabe der Postadresse und Rechnungsadresse zur Verfügung. Pro Address Element können Sie maximal 126 Zeichen im freien Format eingeben.

Eingabebeispiel

AM VANDEMEER BJORN, HAINSTR. 12, 12435 BERLIN	Address Mail; Postanschrift

```
RP/FRAL12357/
 1.VANDEMEER/BJORN MR
 2  KL1824 J 20JAN 2 TXLAMS HK1        1130 1300   737 E 0
 3  KL 565 J 25JAN 7 AMSNBO HK1        1045 2050   M11   0
 4 AP 030-121618-B
 5 OP FRAL12357/30NOV/VISUM FUER KENIA
 6 AM VANDEMEER BJORN, HAINSTR 12, 12435 BERLIN
```

Abbildung 31: PNR mit Address Element (AM)

Die Postadresse wurde mit der Laufnummer 6 im PNR einsortiert. *Erklärung*

Die Address Elemente AM und AB können auch *strukturiert* im PNR *Hinweis*
eingegeben werden. Das ist sinnvoll, wenn in Ihrem Büro so genannte
Back-Office-Applikationen zur Anwendung kommen. Die strukturier-
ten Eingaben finden Sie unter: HE AM oder HE AB.

Weitere Eingaben

AM VANDEMEER BJORN, HAINSTR. 12, 12435 BERLIN/P1	Postanschrift mit Passagierzuordnung
AB FIRMA XYZ, POSTFACH 3000, 10713 BERLIN	Address Billing; Rechnungs-adresse

4.7 Other Service Information (OSI)

Mit der Transaktion OS (Other Service Information) erfolgt die Übermittlung von passagierbezogenen Informationen an die im PNR betei-
ligten Airlines. Beim Aufbau des Namenselementes für ein Kind oder
Kleinkind wird automatisch ein OSI-Element erzeugt, wobei das des
Kleinkindes im PNR nicht angezeigt wird.

Die Service Information kann an eine bestimmte Airline (durch
Angabe des Airline Codes) oder an alle im PNR enthaltenen Airlines
(durch Angabe YY) geschickt werden. Sie darf maximal 68 Zeichen enthalten. Pro PNR können bis zu 127 OSI-Elemente erstellt werden.

Bitte verfassen Sie die Service Information stets in Englisch. Wenn
Sie Abkürzungen verwenden, so nutzen Sie die von Amadeus empfohlenen; siehe unter HE OS (Related Topics; Codes used in OSI-Elements).

Eine Service Information ist durch die Airline *nicht* antwortpflichtig
und wird auch nicht in die Queue platziert.

Eingabebeispiel	OS YY HONEYMOONER	Service Information an alle Airlines (YY)

Ausgabe

```
RP/FRAL12357/
  1.HAHN/MARTINA MRS   2.PFEIFER/JUERGEN MR
  3  LH5736 C 10SEP 3 HAMCDG HK2         1255 1425   CR1 E 0
     OPERATED BY LUFTHANSA CITYLINE
  4  AF 006 C 15SEP 1 CDGJFK HK2      2E 1315 1515   744 E 0 MS
  5  AP 040-131618-H
  6  TK TL01SEP/FRAL12357
  7  OSI YY HONEYMOONER
```

Abbildung 32: PNR mit Other Service Information (OSI)

Erklärung Der PNR enthält nun das OSI-Element mit der Laufnummer 7. Der Transaktionscode OS wird in OSI umgewandelt. Bei PNR Abschluss wird die Service Information an beide im PNR enthaltenen Airlines geschickt.

Weitere Eingaben

OS YY VIP PRESIDENT OF GERMAN BANK/P3	Service Info mit Passagierzuordnung
OS AB TKNO 745-123456789	Übermittlung der Ticketnummer an eine bestimmte Airline (hier: AB = Air Berlin)
OS AB TKNO 745-123456789-92	Übermittlung mehrerer Ticketnummern

Wichtiger Hinweis Das OSI-Element darf *keine Sonderzeichen* enthalten, die nicht dem IATA Standard entsprechen, um Verarbeitungsprobleme bei den Airlines zu vermeiden. Mögliche Sonderzeichen im freien Text sind Bindestrich und Punkt. Ein Schrägstrich ist nur erlaubt, wenn eine Passagierzuordnung folgt.

4.8 Special Service Request (SSR)

Die Transaktion SR (Special Service Request) dient zur Anforderung zusätzlicher Sonderleistungen, z.B. spezielles Essen oder Übergepäck. Eine Sonderleistung wird stets angefragt und von der jeweiligen Airline bestätigt oder abgelehnt. Die Rückmeldung der Fluggesellschaft gelangt in die Queue 1 Category 6.

AIRIMP Codes Jede Sonderleistung wird über einen 4-stelligen AIRIMP Code identifiziert; dieser beschreibt die gewünschte Leistung. Eine Liste aller AIRIMP

Codes erhalten Sie unter HE SR.337: siehe HE SR ; Related Topics; List of SSR Codes with Explanations.

Ohne Angabe einer Passagier- oder Segmentzuordnung wird die Anforderung für alle Passagiere und Segmente im PNR vorgenommen. Ein SSR-Element darf bis zu 126 Zeichen bei den nicht-formatgebundenen Eingaben enthalten und maximal 127 Elemente pro PNR.

4.8.1 Special Meal

Wünscht ein Passagier ein spezielles Essen, so muss es bei der Airline angefordert werden. Eine Liste aller Codes für das spezielle Essen erhalten Sie unter: HE MEAL CODE.

Airline-spezifische Informationen zum Special Meal können Sie nachlesen unter: GGAIRXX MEAL (XX = Airline Code)

Nachfolgend erhalten Sie eine Auswahl der wichtigsten Meal Codes.

BBML	Baby Meal	Baby-Nahrung
DBML	Diabetic Meal	Diabetiker-Essen
HNML	Hindu Meal	Hindugerechtes Essen
KSML	Kosher Meal	Koscheres Essen
MOML	Moslem Meal	Moslemgerechtes Essen
SFML	Sea Food Meal	Essen aus überwiegend Fisch, Schalen- und Krustentieren
VGML	Vegetarian Meal	Rein vegetarisches Essen (ohne Milchprodukte)
VLML	Vegetarian Lacto-Ovo Meal	Vegetarisches Essen (inklusive Milch- und Eierprodukte)

Meal Codes

SR DBML	Anforderung eines Diabetiker-Essens für alle Passagiere und Strecken

Eingabebeispiel

Antwort

```
--- RLR ---
RP/FRAL12357/FRAL12357              TE/GS   7APRxx/0923Z   X45WKA
   1.BERG/JAN MR
   2   IB3547 C 10JAN 6 TXLMAD HK1          1925 2220   *1A/E*
   3   IB 364 C 14JAN 3 MADALC HK1       2  1040 1140   *1A/E*
   4   ARNK
   5   IB4542 C 24JAN 6 BCNTXL HK1       B  1605 1835   *1A/E*
   6 AP 030-151820-B
   7 APF 030-151740-B
   8 TK TL03JAN/FRAL12357
   9 SSR DBML IB NN1/S2
  10 SSR DBML IB NN1/S3
  11 SSR DBML IB NN1/S5
```

Abbildung 33: PNR mit angefordertem Special Meal (DBML)

Erklärung

Das Diabetiker-Essen wurde mit dem Statuscode NN (need) angefordert und für alle Flüge (Segmente 2, 3 und 5) ein SSR-Element mit den Laufnummern 9 bis 11 generiert. Der Transaktionscode SR wurde in SSR umgewandelt. Bei PNR Abschluss geht die Anforderung an die Airline.

Hinweise

Geben Sie im Format nach der Transaktion ein Sternchen an (z.B.: SR*DBML), dann wird die Anforderung auf YY für alle Airlines gesetzt (SR DBML YY NN1) und bei PNR Abschluss an alle Airlines geschickt.

Erfolgt eine Anforderung von speziellem Essen auf Strecken, wo *kein* Essen gereicht wird (z.B. auf innerdeutschen Flügen), dann erfolgt eine Ablehnung durch die Airline mit einem der folgenden Advice Codes: UN (Unable=nicht möglich) oder NO (No action taken=nichts unternommen) oder UC (Unable Closed=nicht möglich). Gleiches gilt, wenn eine Airline das angeforderte Essen nicht anbietet.

Weitere Eingaben

SR VGML/P2,4	Mit Passagierzuordnung
SR SFML/S4-5	Mit Segmentzuordnung
SR DBML/P1/S4-5	Mit Passagier- und Segmentzuordnung
SR*DBML	Anforderung für alle Passagiere und Strecken, die bis zum PNR Abschluss eingegeben wurden

4.8.2 Weitere Sonderleistungen

Nachfolgend werden die am häufigsten angefragten Sonderleistungen anhand eines Eingabebeispiels erklärt.

Die konkreten Bedingungen können von Airline zu Airline variieren.

Nähere Informationen der jeweiligen Airline sind in deren AIS Seiten nachlesbar, z.B: Gepäckbestimmungen unter GGAIRXX BAGGAGE (XX = Airline Code).

Bei den Eingaben, die nähere Informationen zu der Sonderleistung verlangen, muss nach dem AIRIMP Code ein *Bindestrich* gesetzt werden. In dem freien Text dürfen *keine Sonderzeichen* benutzt werden, außer Schrägstrich, wenn eine Passagier- und/oder Segmentzuordnung folgt.

Hinweise

Code	Erklärung	Eingabebeispiel
AVIH	Animal in Hold (Tier in speziellem Frachtraum)	SR AVIH-1DOG OWN BOX 60x40x40CM TTL25KG (Anzahl und Art des Tieres, Ausmaße des Käfigs, Gewicht)
BIKE	Bicycle in Hold (Fahrrad im Frachtraum)	SR BIKE-1BIKE 120x60x30CM TTL15KG (Anzahl der Fahrräder, Ausmaße, Gewicht)
BLND	Blind Passenger (Blinder Passagier)	SR BLND-BY GUIDE DOG (freier Text nach dem Bindestrich, hier: mit Blindenhund)
BSCT	Bassinet (Babykörbchen)	SR BSCT/P2
BULK	Bulky Baggage (sperriges Gepäck)	SR BULK-1SURFBOARD 220x40x20CM TTL12KG (Anzahl und Art des sperrigen Gepäcks, Ausmaße, Gewicht)
CBBG	Cabin Baggage (Kabinengepäck)	NM 2MEIER/TOM MR(IDCBBG)/CBBG SR CBBG-1CELLO 120x60x30CM TTL10KG/P1 (Anzahl und Art des Kabinengepäcks, Ausmaße, Gewicht)
DEAF	Deaf Passenger (Passagier ist taub)	SR DEAF/P2
EXST	Extra Seat (zusätzlicher Sitzplatz)	NM 2WOLF/HEINZ MR(IDEXST)/EXST SR EXST-PERSONAL COMFORT/P1
FRAG	Fragile Baggage (zerbrechliches Gepäck)	SR FRAG-1BOX 60x40x40CM TTL12KG (Anzahl und Art des Gepäcks, Ausmaße, Gewicht)
MAAS	Meet and Assist (Abholung und Hilfe)	SR MAAS-90 YEAR OLD LADY (Angabe des Grundes für die angeforderte Hilfe)

Sonderleistungen

PETC	Pet in Cabin (Kleintier in der Kabine)	SR PETC-1CAT OWN BOX 50x30x30CM TTL05KG (Anzahl und Art des Tieres, Ausmaße des Käfigs, Gewicht)
SEMN	Seaman (Schiffsbesatzung)	SR SEMN-MS EXPLORER USA (Angabe des Namens und Flagge des Schiffes)
SPEQ	Sport Equipment (Sportausrüstung)	SR SPEQ-1GOLF 100x40x40CM TTL10KG (Anzahl und Art der Sportausrüstung, Ausmaße, Gewicht)
XBAG	Excess Baggage (Übergepäck)	SR XBAG-1SUITCASE 90x60x30CM TTL45KG (Anzahl und Art des Gepäcks, Ausmaße, Gewicht)
WCHR	Wheelchair for Ramp (Rollstuhl wird für längere Strecken benötigt, Passagier kann aber Treppen steigen)	SR WCHR-HANDICAPPED (Angabe des Grundes)
	Hinweis: Wird ein *eigener* Rollstuhl benutzt, muss ein weiteres SSR-Element mit Hinweis auf die Art des Rollstuhles (WCBD, WCBW oder WCMD), Faltbarkeit, Maße und Gewicht eingegeben werden.	
WCBD	Wheelchair with dry cell battery (Rollstuhl mit Trockenzell-Batterie)	SR WCBD-FOLDABLE 80x40x30CM TTL25KG
WCBW	Wheelchair with wet cell battery (Rollstuhl mit Nasszell-Batterie)	SR WCBW-FOLDABLE 80x40x30CM TTL25KG
WCMD	Wheelchair manual driven (Rollstuhl wird manuell betrieben)	SR WCMD-FOLDABLE 80x40x30CM TTL25KG

Eingabebeispiel	SR SPEQ-1GOLF 100x40x40CM TTL12KG	Anforderung Sport Equipment für alle Passagiere und Segmente

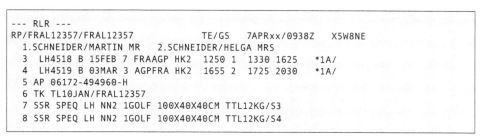

```
--- RLR ---
RP/FRAL12357/FRAL12357         TE/GS   7APRxx/0938Z   X5W8NE
  1.SCHNEIDER/MARTIN MR   2.SCHNEIDER/HELGA MRS
  3  LH4518 B 15FEB 7 FRAAGP HK2  1250 1  1330 1625   *1A/
  4  LH4519 B 03MAR 3 AGPFRA HK2  1655 2  1725 2030   *1A/
  5 AP 06172-494960-H
  6 TK TL10JAN/FRAL12357
  7 SSR SPEQ LH NN2 1GOLF 100X40X40CM TTL12KG/S3
  8 SSR SPEQ LH NN2 1GOLF 100X40X40CM TTL12KG/S4
```

Abbildung 34: PNR mit Anforderung für Sport Equipment

Ausgabe

Das Golfgepäck wurde für beide Passagiere (NN2) angefordert und für alle Flüge (Segmente 3 und 4) ein SSR-Element mit den Laufnummern 7 und 8 generiert. Bei PNR Abschluss wird die Anforderung an die Airline geschickt.

Erklärung

SR SPEQ-1GOLF 100x40x40CM TTL12KG /P1	Anforderung mit Passagierzuordnung
SR SPEQ-1GOLF 100x40x40CM TTL12KG /P1/S4	Anforderung mit Passagier- und Segmentzuordnung

Weitere Eingaben

4.8.3 Unaccompanied Minors (unbegleitete Kinder)

Unaccompanied Minor (UMNR) ist die Bezeichnung für ein allein reisendes Kind. Da ein allein reisendes Kind durch die Airline betreut wird, muss diese Leistung bei der Fluggesellschaft angefordert werden. Die Anzahl der unbegleiteten Kinder pro Flug ist limitiert.

Die Bedingungen für die Beförderung von unbegleiteten Kindern sind von Airline zu Airline verschieden. Aspekte dafür sind u.a.: Alter des unbegleiteten Kindes, Beförderung nur auf Non-Stop-Flügen oder auch auf Umsteige-Verbindungen, Gebühren für die Serviceleistung usw. Die airlinespezifischen Bestimmungen erhalten Sie unter:
GGAIRXX MINORS (XX=Airline Code)

Airline Spezifik

Beim Segment Sell wird die Eingabe mit dem Code UM und dem Alter des Kindes ergänzt. Dies bewirkt den automatischen Aufbau eines SSR-Elements und damit die Anforderung der Serviceleistung bei der Airline. Die Fluggesellschaft kann die Leistung bestätigen oder ablehnen. Die Rückmeldung gelangt, wie alle anderen SSR-Anforderungen, in die Queue 1 Kategorie 6.

Segment Sell

Eingabebeispiel	SS 1V5/UM9	Segment Sell für unbegleitetes Kind mit Altersangabe

Ausgabe

```
RP/FRAL12357/
  1.WERNER/ANNE(CHD)
  2  LH4244 V 22DEC 1 MUCCDG HK1          1050 1225   737 E 0
     PLEASE SEE >GG AIR LH MINOR FOR SURCHARGE. NON-SMOKING FLIGHT
  3  LH4245 V 28DEC 7 CDGMUC HK1          1330 1505   737 E 0
     PLEASE SEE >GG AIR LH MINOR FOR SURCHARGE. NON-SMOKING FLIGHT
  4 AP 089-507080-H
  5 TK OK07APR/FRAL12357
  6 SSR UMNR LH NN1 UM09/S2
  7 SSR UMNR LH NN1 UM09/S3
  8 OSI YY 1CHD
```

Abbildung 35: PNR für unbegleitetes Kind

Erklärung Aufgrund der o.g. Segment Sell Eingabe wurden die SSR-Elemente für die gebuchten Flüge automatisch erzeugt und mit den Laufnummern 6 bis 7 in den PNR einsortiert. Unter dem jeweiligen Flugsegment gibt die gebuchte Airline den Hinweis, dass die Info zu Gebühren unter GGARLH MINORS nachzulesen ist.

Hinweis Wurde der Segment Sell ohne den Code UM und Altersangabe durchgeführt, so muss die SSR-Leistung manuell mit der folgenden Eingabe vorgenommen werden:

SR UMNR-UM 09 YEARS	Manueller Aufbau des SSR-Elements

Es wird aber empfohlen, den automatischen Aufbau durch das Sytem zu nutzen.

Weitere Eingaben

SS 2V5/UM9,10	Segment Sell für zwei unbegleitete Kinder
SS 1K2/UM10*12/UM10	Segment Sell aus dem Dual City Pair Display

PNR Zusatz-angaben Die Buchung eines unbegleiteten Kindes erfordert weitere *Pflichtangaben* im PNR. Diese sind:

* Escort on Departure (EOD): Begleitperson, die das Kind zum Abflugsort bringt mit Angabe des Verwandtschaftsverhältnisses, Adresse und Telefonnummer.
* Escort on Arrival (EOA): Begleitperson, die das Kind am Ankunftsort abholt mit Angabe des Verwandtschaftsverhältnisses, Adresse und Telefonnummer.

* Einzelne Airlines verlangen noch zusätzlich das Date of Birth (Geburtsdatum).

Diese Angaben sind als OSI-Element einzugeben (Other Service Information siehe Kapitel 4.7). Sind diese zusätzlichen Informationen nicht vollständig, kann die Airline die Buchung eines unbegleiteten Kindes ablehnen.

Eingabebeispiele

OS YY EOD MRS WERNER-MOTHER	Escort on Departure
OS YY EOD BACHWEG12 80469 MUENCHEN PHONE 089-507080	Escort on Departure
OS YY EOA MR WERNER-FATHER	Escort on Arrival
OS YY EOA 8 RUE DES BOIS 75015 PARIS PHONE 0033-1-40678080	Escort on Arrival
OS YY DOB 16APR94	Date of Birth

Ausgabe

```
RP/FRAL12357/
 1.WERNER/ANNE(CHD)
 2  LH4244 V 22DEC 1 MUCCDG HK1         1050 1225   737 E 0
    PLEASE SEE >GG AIR LH MINOR FOR SURCHARGE. NON-SMOKING FLIGHT
 3  LH4245 V 28DEC 7 CDGMUC HK1         1330 1505   737 E 0
    PLEASE SEE >GG AIR LH MINOR FOR SURCHARGE. NON-SMOKING FLIGHT
 4 AP 089-507080-H
 5 TK OK07APR/FRAL12357
 6 SSR UMNR LH NN1 UM09/S2
 7 SSR UMNR LH NN1 UM09/S3
 8 OSI YY 1CHD
 9 OSI YY EOD MRS WERNER-MOTHER
10 OSI YY EOD BACHWEG12 80469MUENCHEN PHONE 089-507080
11 OSI YY EOA MR WERNER-FATHER
12 OSI YY EOA 8 RUE DES BOIS 75015 PARIS PHONE 0033-1-40678080
13 OSI YY DOB 16APR94
```

Abbildung 36: PNR für unbegleitetes Kind mit allen Zusatzangaben

Erklärung

Der PNR wurde mit allen notwendigen Informationen ergänzt: Escort on Departure (Elemente 9 und 10), Escort on Arrival (Elemente 11 und 12) sowie Date of Birth (Element 13). Beim PNR Abschluss wird die Anforderung mit allen Angaben an die Airline geschickt.

5 PNR Modifikation

Sie haben diverse Möglichkeiten, die verschiedenen Elemente im PNR zu bearbeiten, d.h. zu verändern oder zu streichen. In diesem Kapitel sollen Sie mit den rationellsten Methoden vertraut gemacht werden.

Infos und Hilfen   Informationen und Hilfen zu diesem Thema finden Sie unter:

HE PNR CHANGE	Übersicht aller HELP Seiten zum Thema PNR Change
HE SB	HELP Seite zu einer bestimmten Transaktion

5.1 Rebooking (Automatische Umbuchung)

Mit der Transaktion SB nehmen Sie eine Umbuchung für bestehende Flugsegmente vor, d.h. Sie buchen um auf ein neues Datum, eine neue Flugnummer und/oder in eine andere Buchungsklasse. Die Buchung wird storniert und durch eine Neubuchung über die Availability ersetzt. Die Umbuchung erfolgt stets für alle Passagiere im PNR bzw. im Segment. Sind die entsprechenden Plätze oder der Flug nicht verfügbar, wird das Availability Display zur Kontrolle angezeigt.

PNR Beispiel

```
--- RLR ---
RP/FRAL12357/FRAL12357          TE/GS  31MARxx/1236Z   ZAOGE8
  1.KLEIN/HANS MR   2.KLEIN/UTE MRS   3.KLEIN/TIM(CHD)
  4  AF1423 K 15JAN 4 MUCCDG HK3  0840   0925 1105   *1A/E*
  5  AF2522 K 17JAN 6 CDGMUC HK3  1740 2F 1825 2000  *1A/E*
  6 AP 089-121416-H
  7 TK TL10DEC/FRAL12357
  8 OSI YY 1CHD/P3
```

Abbildung 37: PNR vor der automatischen Umbuchung

Der PNR wurde aufgerufen. Die Familie Klein möchte ihren Rückflug auf den 18. Januar umbuchen.

| SB 18JAN 5 | Automatische Umbuchung auf ein neues Datum für Segment 5 | *Eingabe* |

```
--- RLR ---
RP/FRAL12357/FRAL12357            TE/GS   8APRxx/0746Z    ZAOGE8
  1.KLEIN/HANS MR    2.KLEIN/UTE MRS    3.KLEIN/TIM(CHD)
  4  AF1423 K 15JAN 4 MUCCDG HK3  0840    0925 1105   *1A/E*
  5  AF2522 K 18JAN 7 CDGMUC HK3  1740 2F 1825 2000   *1A/E*
  6 AP 089-121416-H
  7 TK TL10DEC/FRAL12357
  8 OSI YY 1CHD/P3
```

Ausgabe

Abbildung 38: PNR nach der automatischen Umbuchung

Das Flugsegment mit der Laufnummer 5 wurde auf das neue Datum umgebucht. Der Status HK zeigt an, dass die Buchung OK ist. In der PNR History ist der Garantiestatus LK vermerkt.

Erklärung

SB 21JAN	Automatische Umbuchung auf ein neues Datum für alle Segmente	*Weitere Eingaben*
SB M	Änderung der Buchungsklasse für alle Segmente	
SB V 3-4	Änderung der Buchungsklasse für die Segmente 3 und 4	
SB K 20JAN5	Änderung der Buchungsklasse und des Datums für Segment 5	
SB Y9/03FEB10	Kombination; Änderung der Buchungsklasse und des Datums in verschiedenen Segmenten	
SB LH400*4	Änderung der Flugnummer für Segment 4	
SB BA901*3/BA912*4	Änderung der Flugnummer für die Segmente 3 und 4	

Wurde ein Flug aus dem Direct Access gebucht, so wird die automatische Umbuchung auch aus dem Direct Access vorgenommen.

Hinweise

Enthält ein PNR offene Flugsegmente oder eine Segment Information (ARNK), so muss bei der Umbuchung mit SB eine Segmentzuordnung für die zu verändernden Segmente erfolgen.

Alternativ zur Umbuchung mit der Transaktion SB können Sie natürlich auch das jeweilige Element mit XE streichen (siehe Kapitel 5.6.1) und anschließend die Neubuchung aus dem AN/SN Display bzw. Direct Access vornehmen.

5.2 PNR Increase/Decrease (Plätze erhöhen/reduzieren)

Sie haben die Möglichkeit, die Platzanzahl in einem gebuchten Flugsegment zu verändern, d.h. zu erhöhen oder zu reduzieren. Nach der Laufnummer des betreffenden Flugsegments wird die gewünschte Platzanzahl eingegeben.

Wichtige Hinweise

Bitte beachten Sie, dass die Erhöhung und Reduzierung der Platzanzahl für ein Flugsegment nur während der PNR Erstellung möglich ist, d.h. *vor PNR Abschluss* und auch nur dann, wenn die Buchung eines Fluges *nicht aus dem Direct Access* vorgenommen wurde.

Sie ist nicht möglich, wenn für die Flüge bereits SSR-Elemente erstellt wurden. In dem Fall müssen diese mit XE gestrichen werden und nach der Platzerhöhung bzw. -reduzierung erneut eingegeben werden.

PNR Beispiel

```
                       ***  NHP  ***
RP/FRAL12357/
     1.BERGER/HELMUT MR    2.BERGER/THEA MRS    3.SCHROETER/FRANZ MR
     4.SCHROETER/HELGA MRS
     5  LT 188 T 10JAN 6 DUSPMI HK4        1700 1910   32S   0 M
     6  LT 189 T 17JAN 6 PMIDUS HK2        2025 2240   32S   0 M
```

Abbildung 39: PNR vor der Platzerhöhung

Bei der PNR Erstellung wurden aus Versehen für den Rückflug nur 2 Plätze gebucht anstelle der gewünschten 4 Plätze. Aus diesem Grund erscheint auch in der PNR Kopfzeile der Hinweis **NHP** für Non Homogeneous PNR, d.h. die Anzahl der Plätze ist nicht homogen mit der Anzahl der eingegebenen Namen.

Eingabe

6/4	Für das Flugsegment 6 wird die Platzanzahl auf 4 erhöht.

Ausgabe

```
RP/FRAL12357/
     1.BERGER/HELMUT MR    2.BERGER/THEA MRS    3.SCHROETER/FRANZ MR
     4.SCHROETER/HELGA MRS
     5  LT 188 T 10JAN 6 DUSPMI HK4        1700 1910   32S   0 M
     6  LT 189 T 17JAN 6 PMIDUS HK4        2025 2240   32S   0 M
```

Abbildung 40: PNR nach der Platzerhöhung

Erklärung

Für das Flugsegment mit der Laufnummer 6 wurde die Platzerhöhung vorgenommen. Die Anzahl der Plätze ist nun homogen mit der Anzahl der eingegebenen Namen. Damit wird der Hinweis **NHP** auch nicht mehr angezeigt.

5.3 Änderung der Namen

Amadeus erlaubt Namensänderungen in einem gewissen Umfang. Sie werden über die Funktionen Name Update und Name Change realisiert.

Bitte überprüfen Sie vor einer Namensänderung die Buchungssituation auf den Flügen, die im PNR enthalten sind. Es kommen die folgenden Bedingungen zur Anwendung:

Flug/Buchungsklasse ist noch verfügbar:	Familienname, Vorname, Titel und Anrede können geändert werden.
Flug/Buchungsklasse bereits ausgebucht oder nur noch Warteliste angezeigt:	Im Familiennamen dürfen *einmalig* maximal 3 Zeichen geändert werden.

Eine Namensänderung bewirkt in den meisten Fällen eine Streichung und Neubuchung der Flugsegmente. Die Buchungsgarantie pro gebuchtem Flugsegment geht dadurch verloren (siehe Hinweise unter: GGAMADE AGENT).

Es wird empfohlen, eine Namensänderung nicht mit anderen Änderungen im PNR zu kombinieren, um Probleme in der Kommunikation zwischen den Rechnern zu vermeiden.

Die vorher genannten Bedingungen kommen nur zum Tragen, wenn die Airline auch Namensänderungen über das System zulässt. Die konkreten Bedingungen und Einschränkungen erhalten Sie für die jeweilige Airline unter: GGAIRXX (XX=Airline Code). Das Stichwort variiert von Airline zu Airline, aber i.d.R. finden Sie diese Informationen unter: RESERVATION oder NAME CHANGE. Bitte machen Sie sich mit den Restriktionen der jeweiligen Airline vertraut, *bevor Sie eine Namensänderung durchführen!*

Airline Restriktionen

Immer mehr Airlines nutzen die Funktionen des »Name Change Controllers« in Amadeus. Damit hat die Airline die Möglichkeit, Parameter/Rules zu definieren, für die eine Namensänderung nicht erlaubt ist, z.B. für bestimmte Buchungsklassen. Wird die Namensänderung dennoch durchgeführt, so erhalten Sie *nach* PNR Abschluss von der Airline eine Ablehnung (UC – ausverkauft; mit Begründung).

Des Weiteren kann eine Airline über die NCC-Funktion generell

Name Change Controller (NCC)

Namensänderungen unterbinden. Beim Versuch, diese durchzuführen, erhalten Sie die Antwort: NAMENSAENDERUNG WIRD VON FLUGGESELLSCHAFT NUR BEDINGT ERLAUBT – XX (XX = Airline Code).

Eine Übersicht der Airlines, die den Name Change Controller in Amadeus nutzen, erhalten Sie unter:

GGPCALNCC	List Name Change Controller

5.3.1 Name Update

Die Funktion Name Update (NU) entspricht einer Namenskorrektur und wird bei ursprünglich falscher Schreibweise des Namens vorgenommen. Das System geht davon aus, dass der Passagier derselbe bleibt. Damit bleiben alle dem Passagier zugeordneten Elemente erhalten.

PNR Beispiel

```
--- RLR ---
RP/FRAL12357/FRAL12357          TE/GS   8APRxx/1307Z   YEKWWY
  1.GREGOR/SABINE MRS   2.MEYER/WILMA MRS
  3  LH4084 C 15JAN 4 FRAVCE HK2  0745 1  0825 0940   *1A/E*
  4  LH4091 C 20JAN 2 VCEFRA HK2  1845    1920 2055   *1A/E*
  5 AP 069-131517-H/P1
  6 AP 069-506080-H/P2
  7 TK TL10JAN/FRAL12357
  8 SSR VGML LH HK1/S3/P2
  9 SSR VGML LH HK1/S4/P2
```

Abbildung 41: PNR vor dem Name Update

Der Name von Frau Meier (Passagier mit der Laufnummer 2) ist nicht korrekt geschrieben und soll geändert werden.

Eingabe

NU 2/1MEIER/WILMA MRS	Korrektur des Nachnamens von Passagier 2

```
--- RLR ---
RP/FRAL12357/FRAL12357          TE/GS   8APRxx/1317Z   YEKWWY
  1.GREGOR/SABINE MRS   2.MEIER/WILMA MRS
  3  LH4084 C 15JAN 4 FRAVCE HK2  0755 1  0825 0940   *1A/E*
  4  LH4091 C 20JAN 2 VCEFRA HK2  1845    1920 2055   *1A/E*
  5 AP 069-131517-H/P1
  6 AP 069-506080-H/P2
  7 TK TL10JAN/FRAL12357
  8 SSR VGML LH HK1/S3/P2
  9 SSR VGML LH HK1/S4/P2
```

Abbildung 42: PNR nach dem Name Update

Der Name wurde korrigiert. Alle Elemente, die dem Passagier mit der Laufnummer 2 zugeordnet wurden, blieben erhalten.

NU 2/3/2BAUM/TOM MR/EVA MRS	Korrektur des Nachnamens von Passagier 2 und 3
NU 1/HELMAR PROF MR	Korrektur des Vornamens, des Titels und der Anrede für Passagier 1

5.3.2 Name Change

Die Funktion Name Change entspricht einer Namensänderung. Das System geht davon aus, dass anstelle des gebuchten Passagiers ein anderer Passagier reist. Damit werden alle dem Passagier zugeordneten Elemente (außer Sitzplatzreservierung und Form of Payment) automatisch gestrichen. Wurde bereits eine Tarifberechnung durchgeführt, so muss diese erneut durchgeführt werden.

Passagiertypen und weitere Klammervermerke (z.B. DOB = Date of Birth) können *nur* mittels Name Change hinzugefügt oder gelöscht werden, ganz gleich, ob es sich um eine Korrektur oder Änderung des Namens handelt.

```
--- RLR ---
RP/FRAL12357/FRAL12357          TE/GS   8APRxx/1317Z   YEKWWY
  1.GREGOR/SABINE MRS    2.MEIER/WILMA MRS
  3  LH4084 C 15JAN 4 FRAVCE HK2  0755 1  0825 0940   *1A/E*
  4  LH4091 C 20JAN 2 VCEFRA HK2  1845     1920 2055   *1A/E*
  5 AP 069-131517-H/P1
  6 AP 069-506080-H/P2
  7 TK TL10JAN/FRAL12357
  8 SSR VGML LH HK1/S3/P2
  9 SSR VGML LH HK1/S4/P2
```

Abbildung 43: PNR vor dem Name Change

Anstelle von Frau Gregor (Passagier mit Laufnummer 1) fliegt nun Frau Sylvia Schmitt.

1/1SCHMITT/SYLVIA MRS	Änderung des kompletten Namens für Passagier 1

Ausgabe

```
--- RLR ---
RP/FRAL12357/FRAL12357              TE/GS   8APRxx/1317Z   YEKWWY
  1.MEIER/WILMA MRS    2.SCHMITT/SYLVIA MRS
  3  LH4084 C 15JAN 4 FRAVCE HK2  0755 1  0825 0940   *1A/E*
  4  LH4091 C 20JAN 2 VCEFRA HK2  1845    1920 2055   *1A/E*
  5  AP 069-506080-H/P1
  6  TK TL10JAN/FRAL12357
  7  SSR VGML LH HK1/S3/P1
  8  SSR VGML LH HK1/S4/P1
```

Abbildung 44: PNR nach dem Name Change

Erklärung

Der Name wurde geändert und die Namen im PNR alphabetisch neu sortiert. Das ursprüngliche AP-Element von Frau Gregor wurde automatisch gestrichen und muss nun für Frau Schmitt neu eingegeben werden. Erst danach ist ein PNR Abschluss möglich.

Weitere Eingaben

2/STEFAN DR MR	Änderung des Vornamens, des Titels und der Anrede für Passagier 2
4/(IDDOB02DEC89)	Nachträglicher Zusatz zum Namenselement, hier: Date of Birth für Passagier 4
2/(CHD)	Hinzufügen des Passagiertyps für ein Child
3/(INF/FELIX)	Hinzufügen des Passagiertyps für ein Infant
3/	Entfernen eines Passagiertyps oder Zusatzes

5.4 Änderung weiterer PNR Elemente

PNR Elemente werden geändert, indem nach der Laufnummer des Elements ein Schrägstrich gesetzt und die neue Information eingegeben wird. Nachfolgend werden alle Element-Änderungen mit einem Beispiel aufgeführt.

Contact Element	5/030-121618-H	Änderung des AP-Elements für Laufnummer 5
Ticketing Element	7/10JAN	Änderung des Ticketkauftermins für Laufnummer 7
Option Element	8/22DEC	Änderung des Termins für die Option
Remarks	10/TICKET AN FIRMA LIEFERN	Änderung des Remarks (RM,RC,RX)
	8/QSHL12902/FREIER TEXT	Änderung des vertraulichen Vermerks (RC) und zusätzlich Leserecht für Partnerbüro

7/NEUE ADRESSE	Änderung der Postanschrift (AM) oder Rechnungsadresse (AB)	*Address Element*
5/P2	Hinzufügen/Ändern der Passagierzuordnung	*Passenger Association*
5/P	Löschen der Passagierzuordnung	

Die folgenden Elemente/Segmente können *nicht* über die Laufnummer geändert werden. Die Änderung ist nur möglich, indem das Element/Segment mit XE und der Laufnummer gestrichen und anschließend eine Neueingabe vorgenommen wird. Dies betrifft:

Hinweis

* OPEN Segment
* Segment Information
* Other Service Information (OSI)
* Special Service Request (SSR)

5.5 PNR Zugriffsrechte

Generell besteht der Zugriff auf einen PNR nur durch das erstellende Büro. Es besteht aber die Möglichkeit, den PNR Zugriff zu erweitern oder einen PNR mittels Responsibility Change an ein anderes Büro zu übertragen.

5.5.1 Security Element

Mit der Transaktion ES (Element Security) wird ein *erweiterter* Zugriff auf den PNR erteilt, d.h. das erstellende Büro behält weiterhin die Verantwortung und den Zugriff auf den PNR, aber ein weiteres Büro (z.B. Partnerbüro) kann den PNR ebenfalls aufrufen und bearbeiten. Der Zugriff kann auf maximal 5 Büros erweitert werden.

Das erstellende Büro erteilt Lese- oder Schreibrecht; es wird bei PNR Abschluss sofort wirksam.

Informationen und Hilfen zu diesem Thema finden Sie unter:

Infos und Hilfen

| HE PNR SECURITY | Übersicht aller HELP Seiten zum Thema PNR Security |
| HE ES | HELP Abfrage mittels Transaktion |

PNR Beispiel

```
--- RLR ---
RP/FRAL12357/FRAL12357              TE/GS  10APRxx/0921Z    YO5MF2
  1.BERGER/JENS MR   2.HAIN/NILS MR
  3  LG9302 C 15JAN 4 FRALUX HK2     1  0920 1000   *1A/
  4  LG9307 C 18JAN 7 LUXFRA HK2        1840 1920   *1A/
  5 AP 06173-708099-B
  6 TK TL10JAN/FRAL12357
```

Abbildung 45: PNR vor der Erweiterung des PNR Zugriffs

Das Büro QSHL12902 soll zusätzlich Zugriff auf diesen PNR erhalten, und zwar Lese- und Schreibrecht.

Eingabe

ES QSHL12902-B	Element Security; das angegebene Büro erhält Lese- und Schreibrecht (B = Both)

Ausgabe

```
--- RLR ---
RP/FRAL12357/FRAL12357              TE/GS  10APRxx/0936Z    YO5MF2
  1.BERGER/JENS MR   2.HAIN/NILS MR
  3  LG9302 C 15JAN 4 FRALUX HK2     1  0920 1000   *1A/
  4  LG9307 C 18JAN 7 LUXFRA HK2        1840 1920   *1A/
  5 AP 06173-708099-B
  6 TK TL10JAN/FRAL12357
  * ES/G 10APR/TEGS/FRAL12357
    QSHL12902-B
```

Abbildung 46: PNR nach der Erweiterung des PNR Zugriffs

Erklärung

Das individuelle PNR Security Element wird an das Ende des PNRs gesetzt und enthält keine Laufnummer, sondern ein Sternchen (*). Nach PNR Abschluss und Wiederaufruf werden die folgenden Informationen angezeigt:

ES/G	Element Security, Receiver Type G=Global Core Office ID (wird automatisch gesetzt)
10APR	Datum der Zugriffserteilung
/TEGS	2-stellige Sign Endung und Duty Code (GS=General Sales)
/FRAL12357	Office Code des Büros, das den PNR erstellt hat.
QSHL12902	Office Code des Büros, das den Zugriff erhalten hat.
-B	Zugriffsart; B=Both, Lese- und Schreibrecht

Wurde der Zugriff erteilt und Sie stellen fest, dass Ihnen dabei ein Fehler unterlaufen ist, dann geben Sie das komplette ES-Element noch einmal ein. Die ursprünglichen Angaben werden dann durch die neuen ersetzt.

Hinweis

Weitere Eingaben

ES QSHL12903-R	angegebenes Büro erhält Leserecht (R = Read)
ES QSHL12902-B,QSHL12903-R	Zugriffsrecht für mehrere Büros (maximal 5 durch Komma getrennt)
ESX	Element Security Cancel; PNR Zugriff wird storniert.

5.5.2 Responsibility Change

Mit der Transaktion RP (Responsibility) wird ein so genannter Responsibility Change (auch Respo Change genannt) vorgenommen. Das heißt, ein PNR wird an ein anderes Büro überspielt und somit die Verantwortlichkeit von dem ursprünglichen Büro auf ein anderes Büro übertragen. Dies ist beispielsweise notwendig, wenn ein Büro den PNR an den Consolidator überspielen möchte, damit die Ticketausstellung vorgenommen wird.

Wichtiger Hinweis

Bitte ändern Sie beim Respo Change stets auch den Office Code für das Queueing Office, Ticketing Element und Option Element, damit die Queue Platzierung gewährleistet ist. Andernfalls erhalten Sie als Ursprungsbüro weiterhin die Queue Nachrichten, obwohl Sie *keinen PNR Zugriff* mehr haben und somit Nachrichten, die einer Dringlichkeit unterliegen (z.B. Änderung von Flugzeiten), nicht rechtzeitig bearbeitet werden können.

Informationen und Hilfen zu diesem Thema finden Sie unter:

Infos und Hilfen

HE PNR RESPO	Übersicht aller HELP Seiten zum Thema PNR Respo Change
HE RP	HELP Abfrage mittels Transaktion

PNR Beispiel

```
--- RLR ---
RP/FRAL12357/FRAL12357          TE/GS  10APRxx/1450Z    YRCTGF
  1.BOCELLI/OTELLO MR
  2  AZ 441 C 20JAN 2 MUCMXP HK1          1130 1235    *1A/
  3 AP 089-151890-B
  4 APF 151899-B
  5 TK TL10JAN/FRAL12357
```

Abbildung 47: PNR vor dem Respo Change

Der PNR wurde durch das Büro FRAL12357 erstellt und soll nun an das Büro QSHL12902 überspielt werden.

Eingabe	RP/QSHL12902/ALL	Respo Change; Änderung des PNR Zugriffs mit gleichzeitiger Änderung der Queue Adresse, des Ticketing Elements und der Option auf das Büro QSHL12902 (Überspielen eines PNRs an ein anderes Büro)

Ausgabe

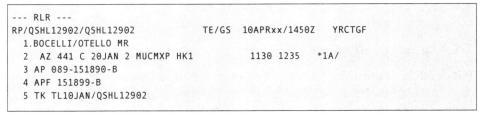

```
--- RLR ---
RP/QSHL12902/QSHL12902            TE/GS   10APRxx/1450Z    YRCTGF
  1.BOCELLI/OTELLO MR
  2  AZ 441 C 20JAN 2 MUCMXP HK1          1130 1235    *1A/
  3 AP 089-151890-B
  4 APF 151899-B
  5 TK TL10JAN/QSHL12902
```

Abbildung 48: PNR nach dem Respo Change

Erklärung Im PNR wurden Responsibility, Queueing Office und Ticketing Element auf QSHL12902 geändert. Nach dem Buchungsabschluss mit ET wird der PNR automatisch in die Queue 4 des neuen Büros QSHL12902 gesetzt. Das ursprüngliche Büro hat nun keinen Zugriff mehr auf den PNR. Beim Versuch, diesen wieder aufzurufen, erhalten Sie die Antwort: KEINE NAMEN oder GESPERRTER PNR.

Wurde das Ticket durch den Consolidator ausgestellt, so muss der PNR auf demselben Wege an das ursprüngliche Büro zurück überspielt werden, d.h. Responsibility, Queueing Office und Ticketing Element sind zu ändern und bei PNR Abschluss hat das ursprüngliche Büro wieder die Verantwortung und den Zugriff auf den PNR.

PNR mit AXR Record Ist ein PNR mit weiteren PNRs über einen AXR Record verbunden (siehe Kapitel: Non Homogeneous PNR, Manueller Split, PNR Replication), so kommen die folgenden Eingaben zur Anwendung:

Eingabebeispiele	RP/FRAL12358/ALL	Respo Change für alle zum AXR Record gehörenden PNRs
	RPS/FRAL12358/ALL	Respo Change nur für den aufgerufenen PNR, wenn zugehörig zu einem AXR Record

5.6 Stornierung

Sie haben die Möglichkeit, einzelne Elemente oder den gesamten PNR
zu stornieren.

Informationen und Hilfen zu diesem Thema finden Sie unter: *Infos und Hilfen*

HE PNR CANCEL	Übersicht aller HELP Seiten zum Thema PNR Stornierung
HE XE	HELP Abfrage mittels Transaktion

5.6.1 Stornierung einzelner PNR Elemente

Mit der Transaktion XE (Cancel Element) werden einzelne Elemente im
PNR gestrichen bzw. einzelne Leistungen storniert.

Die PNR Elemente unterteilen sich in *3 Gruppen*: Namenselemente, *Wichtige Hinweise*
Flugsegmente und sonstige Elemente. Bitte beachten Sie: Wenn Sie mehrere Elemente in einer Transaktion streichen möchten, dann ist dies nur
möglich, wenn die Elemente derselben Gruppe angehören, ansonsten
erhalten Sie die Rückweisung: WIDERSPRUECHLICHE ELEMENTE.
 Die Stornierung eines Namenelements muss stets separat durchgeführt werden. Erst nach PNR Abschluss und Wiederaufruf (ER) können
Sie weitere PNR Elemente ändern oder stornieren.

PNR Beispiel

```
--- RLR ---
RP/FRAL12357/FRAL12357          TE/GS  11APRxx/0904Z   YUEYCG
  1.HAUPT/SONJA MRS   2.MUT/FRED MR
  3  OS 128 C 10JAN 6 FRAVIE HK2  0730 1  0800 0925  *1A/E*
  4  OS 123 C 13JAN 2 VIEFRA HK2  1250     1320 1450  *1A/E*
  5 AP 069-121460-B
  6 TK TL05JAN/FRAL12357
  7 SSR DBML OS HK1/S3/P2
  8 SSR DBML OS HK1/S4/P2
```

Abbildung 49: PNR vor der Element Stornierung

Herr Mut, der Passagier mit der Laufnummer 2, muss seine Reise stornieren.

| XE 2 | Cancel Element; Stornierung des Elements mit Laufnummer 2 | *Eingabe* |

Ausgabe

```
--- RLR ---
RP/FRAL12357/FRAL12357            TE/GS   11APRxx/0911Z   YUEYCG
  1.HAUPT/SONJA MRS
  2  OS 128 C 10JAN 6 FRAVIE HK1  0730 1  0800 0925   *1A/E*
  3  OS 123 C 13JAN 2 VIEFRA HK1  1250    1320 1450   *1A/E*
  4 AP 069-121460-B
  5 TK TL05JAN/FRAL12357
```

Abbildung 50: PNR nach Stornierung für Passagier 2

Erklärung

Der Passagier mit der Laufnummer 2 wurde auf allen Flügen gestrichen, d.h. die Platzanzahl entsprechend reduziert. Gleichzeitig wurden alle dem Passagier zugeordneten Elemente bzw. Leistungen automatisch gestrichen, in diesem Beispiel das spezielle Essen (DBML).

Hinweis

Wird eine SSR-Leistung separat storniert, wird der Statuscode zunächst in XX umgewandelt. Erst beim nächsten PNR Aufruf wird das SSR-Element nicht mehr angezeigt.

Weitere Eingabe

XE 3-4,7	Stornierung mehrerer Elemente der gleichen Gruppe

5.6.2 Stornierung des gesamten PNRs

Mit der Transaktion XI (Cancel Itinerary) nehmen Sie die Stornierung des gesamten PNRs vor.

PNR Beispiel

```
--- RLR ---
RP/FRAL12357/FRAL12357            TE/GS   11APRxx/1007Z   YUEYCG
RFMRS HAUPT-TEI
  1.HAUPT/SONJA MRS
  2  OS 128 C 10JAN 6 FRAVIE HK1  0730 1  0800 0925   *1A/E*
  3  OS 123 C 13JAN 2 VIEFRA HK1  1250    1320 1450   *1A/E*
  4 AP 069-121460-B
  5 TK TL05JAN/FRAL12357
```

Abbildung 51: PNR vor der Stornierung

Frau Haupt möchte die gesamte Reise stornieren. Bitte geben Sie vor dem Storno das RF-Element mit dem Auftraggeber und Ihrem Expedientenkürzel ein.

Eingabe

XI	Cancel Itinerary; Stornierung des gesamten PNRs

```
--- RLR ---
RP/FRAL12357/FRAL12357         TE/GS  11APRxx/1007Z    YUEYCG
RFMRSHAUPT-TEI
  1.HAUPT/SONJA MRS
  2 AP 069-121460-B
  3 TK OK11APR/FRAL12357
```

Abbildung 52: PNR nach der Stornierung

Nach der Stornierung wird ein so genannter »Rest-PNR« angezeigt, bestehend aus den Pflichtelementen: Name Element, Contact Element und Ticketing Element, welches automatisch auf OK gesetzt wurde. Der Stornierungsvorgang muss mit ET abgeschlossen werden. In dem Moment ist die Stornierung endgültig und die Stornomeldung wird an die Airline geschickt.

Der »Rest-PNR« verbleibt bis 3 Tage nach dem Datum des letzten stornierten Segments im System. Danach werden die PNR Daten mit der kompletten PNR History archiviert.

6 Non Homogeneous PNR (Automatischer Split)

Ein Non Homogeneous PNR (NHP) entsteht, wenn die Anzahl der gebuchten Plätze nicht homogen ist mit der Anzahl der eingegebenen Namen oder wenn nicht alle Flugsegmente die gleiche Platzanzahl aufweisen. Die Kopfzeile des PNRs enthält dann die Anzeige **NHP**.

Diese Funktion erlaubt es, unterschiedliche Passagierwünsche (Routing, Reisetage, Buchungsklasse) in *einem* PNR zu buchen. Durch die Eingabe der Passagierzuordnung wird dem System angezeigt, welche Leistung durch welchen Passagier in Anspruch genommen wird. Es ist deshalb nicht notwendig, mehrere PNRs aufzubauen.

Hinweis   Der NHP Vermerk dient auch dazu, Sie auf eine fehlerhafte Situation aufmerksam zu machen; entweder auf fehlende Namen und/oder eine falsche Platzanzahl im Flugsegment (siehe: Plätze erhöhen/reduzieren im Kapitel 5.2).

Infos und Hilfen   Informationen und Hilfen zu diesem Thema finden Sie unter:

HE NHP	Übersicht aller HELP Seiten zum Thema Non Homogeneous PNR

6.1 PNR Handling

Von der Buchungserstellung bis zum PNR Abschluss; nachfolgend erhalten Sie die Erklärung des Standard-Ablaufs anhand eines geführten Beispiels.

PNR Beispiel

```
                        ***  NHP  ***
RP/FRAL12357/
    1.MEYRICH/HANS MR    2.NEUHAUS/FRED MR    3.RODRIGUEZ/PABLO MR
    4  IB3513 C 20JAN 2 FRAMAD HK3         0755 1025    320 E 0 B
    5  IB 104 C 23JAN 5 MADSVQ HK1         0825 0925    M88 E 0 M
    6  IB 117 C 26JAN 1 SVQMAD HK1         1355 1455    M88 E 0 M
    7  IB3502 C 27JAN 2 MADFRA HK3         1600 1835    320 E 0 S
    8 AP 06172-506088-B
    9 TK TL10JAN/FRAL12357
```

Abbildung 53: Non Homogeneous PNR

Die gebuchten Passagiere fliegen den Hin- und Rückflug (Segmente 4 und 7) gemeinsam, aber der Weiterflug von Madrid nach Sevilla und zurück (Segmente 5 und 6) wurde nur für Herrn Rodriguez gebucht. Bevor der PNR abgeschlossen werden kann, verlangt das System die Passagierzuordnung für die Segmente, die *nicht gemeinsam beflogen werden*, d.h. für das konkrete Beispiel, die Segmente 5 und 6 müssen dem Passagier mit der Laufnummer 3 zugeordnet werden.

Fehlt die Passagierzuordnung, so erhalten Sie beim PNR Abschluss die Aufforderung: BITTE PASSAGIER/SEGMENT ZUORDNUNG EINGEBEN.

5/P3	Passagierzuordnung für gebuchtes Flugsegment 5; die Eingabe erfolgt je Laufnummer.

Eingabebeispiel

PNR Beispiel

```
                  ***   NHP   ***
RP/FRAL12357/
  1.MEYRICH/HANS MR   2.NEUHAUS/FRED MR   3.RODRIGUEZ/PABLO MR
  4   IB3513 C 20JAN 2 FRAMAD HK3        0755 1025    320 E 0 B
  5   IB 104 C 23JAN 5 MADSVQ HK1        0825 0925    M88 E 0 M
      /P3
  6   IB 117 C 26JAN 1 SVQMAD HK1        1355 1455    M88 E 0 M
      /P3
  7   IB3502 C 27JAN 2 MADFRA HK3        1600 1835    320 E 0 S
  8 AP 06172-506088-B
  9 TK TL10JAN/FRAL12357
```

Abbildung 54: Non Homogeneous PNR mit Passagierzuordnung

Die Segmente 5 und 6 enthalten nun die Passagierzuordnung (P3) und der PNR kann mit ET abgeschlossen werden.

Bei Abschluss des Non Homogeneous PNRs führt das System einen automatischen Split durch, wobei Passagiere mit abweichendem Reiserouting einen eigenen PNR mit individuellem Record Locator erhalten. Das AP- und TK-Element wird vom Ursprungs-PNR kopiert.

Antwort

```
  AXR FOR PNR:                    ***NHP***   11APR 1613
  1.MEYRICH/HANS- 2    YWW3MG   2.NEUHAUS/FRED- 2    YWW3MG
  3.RODRIGUEZ/PA- 1    YWW3MH
```

Abbildung 55: Anzeige des AXR Records

Es wird der AXR Record angezeigt; eine Auflistung aller Passagiere, deren PNRs miteinander verknüpft sind.

Erklärung

67

1.Zeile:	AXR FOR PNR	Es wurde ein AXR Record für die nachfolgend genannten PNRs erzeugt.
	NHP	Auf Grund eines Non Homogeneous PNRs
	11APR 1613	Datum und Uhrzeit
2./3.Zeile:	1.MEYRICH/H...	Unter der Kopfzeile sind die am AXR beteiligten Passagiere mit Laufnummer, Passagieranzahl pro PNR und Record Locator aufgeführt. In dem konkreten Beispiel sind die Passagiere 1 und 2 in *einem* PNR gespeichert; für Passagier 3 wurde ein separater PNR erzeugt.

Alle Änderungen und Ergänzungen, die nach dem automatischen Split durchgeführt werden, sind in dem jeweiligen PNR vorzunehmen.

Weitere Eingaben   Enthält der PNR bereits die Passagiernamen, bevor Sie die Flugsegmente erstellen, so kann die Passagierzuordnung gleich beim Segment Sell eingegeben werden.

SS 2C3/P1-2	Passagierzuordnung beim Segment Sell
SS 2C6/P1,4	Passagierzuordnung beim Segment Sell
6/P	Entfernen der Passagierzuordnung

6.2 AXR Record

Der AXR (Associated Cross Reference Record) stellt einen Überblick über vernetzte PNRs dar. Diese PNR Vernetzung wird vom System bei den folgenden Funktionen ausgeführt:

* Non Homogeneous PNR – Automatischer Split
* PNR Split – Manueller Split (siehe Kapitel 7)
* PNR Replication mit RRA – Kopierfunktion (siehe Kapitel 8)

Infos und Hilfen   Informationen und Hilfen zu diesem Thema finden Sie unter:

HE AXR	Übersicht aller HELP Seiten zum Thema AXR Record

6.2.1 PNR Retrieval aus dem AXR Record

Aus dem AXR Record können Sie sehr schnell in einen PNR wechseln, indem Sie ein Retrieval (Aufruf) anhand der Laufnummer durchführen. Die Abfrage ist analog dem PNR Aufruf aus der Similar Name List.

```
AXR FOR PNR:                          ***NHP***  11APR 1613
1.MEYRICH/HANS- 2     YWW3MG    2.NEUHAUS/FRED- 2    YWW3MG
3.RODRIGUEZ/PA- 1     YWW3MH
```

AXR Record Beispiel

Abbildung 56: AXR Record

RT 3	PNR Retrieval aus dem AXR Record mit Laufnummer

Eingabebeispiel

```
--- AXR RLR ---
RP/FRAL12357/FRAL12357          TE/GS   11APRxx/1413Z    YWW3MH
  1.RODRIGUEZ/PABLO MR
  2  IB3513 C 20JAN 2 FRAMAD HK1     2  0755 1025   *1A/E*
  3  IB 104 C 23JAN 5 MADSVQ HK1     2  0825 0925   *1A/E*
  4  IB 117 C 26JAN 1 SVQMAD HK1        1355 1455   *1A/E*
  5  IB3502 C 27JAN 2 MADFRA HK1     2  1600 1835   *1A/E*
  6 AP 06172-506088-B
  7 TK TL10JAN/FRAL12357
  * SP 11APR/TEGS/FRAL12357-NHP PROC
```

Ausgabe

Abbildung 57: Geöffneter PNR aus AXR Record

Der PNR enthält in der Kopfzeile den Hinweis AXR, d.h. dieser geöffnete PNR ist mit weiteren PNRs über den AXR Record verknüpft. Die letzte, mit einem Sternchen (*) beginnende Zeile gibt einen Hinweis auf den Split-Vorgang:

Erklärung

*	Das Sternchen (*) bedeutet, dass diese Information automatisch vom System erzeugt wurde.
SP 11APR	Split des PNRs vorgenommen, mit Anzeige des Datums
/TEGS/	Sign Endung und Duty Code (General Sales)
/FRAL12357	Office ID
-NHP PROC	Split auf Grund einer Non Homogeneous Procedure

Möchten Sie einen weiteren PNR aus dem AXR Record aufrufen, beispielsweise mit RT 2, wird der geöffnete PNR ignoriert und der neue dargestellt.

Hinweis

AXR Zugriffsrechte Möchten Sie die Zugriffsrechte für PNRs verändern, die zu einem AXR Record gehören, so gilt folgendes:

Security Element (ES) Die Erweiterung des PNR Zugriffs kann nur für jeden PNR *individuell* vorgenommen werden, siehe Kapitel 5.5.1.

Responsibility Change Der Respo Change kann für alle PNRs eines AXR oder nur für den aufgerufenen PNR vorgenommen werden, siehe Kapitel 5.5.2.

6.2.2 Retrieval des AXR Records

Erscheint in der Kopfzeile eines PNRs der Hinweis AXR, so können Sie sich mit der Transaktion RTAXR (Retrieve AXR Record) die Übersicht der vernetzten PNRs aufrufen und erhalten so die Information, welche PNRs in einem bedingten Zusammenhang stehen.

Eingabe

RTAXR	Retrieve AXR Record; Aufruf im geöffneten PNR (Die Eingabe darf keine Leerzeichen enthalten.)

Ausgabe

```
AXR FOR PNR:                         ***NHP***   11APR 1613
1.MEYRICH/HANS- 2      YWW3MG     2.NEUHAUS/FRED- 2      YWW3MG
3.RODRIGUEZ/PA- 1          *
```

Abbildung 58: AXR Record nach RTAXR

Erklärung Der AXR Record wird angezeigt. Steht anstelle des Reclocs ein Sternchen (*), so ist dieser PNR im Hintergrund geöffnet, hier: PNR für Passagier mit Laufnummer 3. Mit RT wechseln Sie zu dessen Darstellung oder mit RT und Laufnummer (z.B. RT1) können Sie einen weiteren PNR aus dem AXR Record abfragen.

Weitere Eingaben

RTAXR/NEUHAUS	Aufruf des AXR Records mit Passagiernamen
RTAXR RECLOC	Aufruf des AXR Records mit Record Locator

6.2.3 Stornierung aller PNRs eines AXR Records

Mit der Transaktion ETX nehmen Sie die Stornierung *aller* Buchungen vor, die zu einem AXR gehören. Bevor die Eingabe erfolgt, verlangt das

System ein RF-Element, ansonsten erhalten Sie die Meldung: BITTE RECEIVED FROM EINGEBEN.

Bitte prüfen Sie vorher über RTAXR, ob Sie *wirklich alle* PNRs, die zu diesem AXR gehören, streichen wollen. Wenn nein, so ist die Stornierung in dem jeweiligen PNR einzeln vorzunehmen.
  Mit ETX können Sie bis zu 10 PNRs eines AXR in *einer* Transaktion stornieren. Sind es mehr als 10 PNRs, dann muss die Eingabe wiederholt werden.

Informationen und Hilfen zu diesem Thema finden Sie unter:

HE ETX	Übersicht aller HELP Seiten zum Thema AXR Record Cancel

```
--- AXR RLR ---
RP/FRAL12357/FRAL12357          TE/GS  11APRxx/1413Z   YWW3MG
RF MRNEUHAUS-TEI
  1.MEYRICH/HANS MR   2.NEUHAUS/FRED MR
  3   IB3513 C 20JAN 2 FRAMAD HK2      2  0755 1025   *1A/E*
  4   IB3502 C 27JAN 2 MADFRA HK2      2  1600 1835   *1A/E*
  5 AP 06172-506088-B
  6 TK TL10JAN/FRAL12357
  * SP 11APR/TEGS/FRAL12357-NHP PROC
```

Abbildung 59: PNR mit AXR Record vor der Stornierung

Sie haben einen zum AXR Record gehörenden PNR aufgerufen und das Received From Element eingegeben. Sie möchten nun alle PNRs stornieren.

ETX	Stornierung aller zu einem AXR Record gehörenden Buchungen und PNR Abschluss

Nach der Eingabe ETX erhalten Sie die Meldung: WARNUNG: ITINERARY ALLER VERBUNDENEN PNRS WIRD STORNIERT. Möchten Sie die Stornierung endgültig vornehmen, so bestätigen Sie dies erneut mit der Eingabe ETX.

```
AXR FOR PNR:                      XXXXXX   14APR 1610
  1.MEYRICH/HANS- 2    ITINCNLD   2.NEUHAUS/FRED- 2   ITINCNLD
  3.RODRIGUEZ/PA- 1    ITINCNLD
```

Abbildung 60: AXR Record nach der Stornierung

Erklärung   Die Stornierung wurde für *alle* PNRs durchgeführt und der AXR Record dargestellt. Anstelle des Record Locators wird nun ITINCNLD (Itinerary Canceled) angezeigt.

Weitere Eingabe

ERX	Stornierung aller zu einem AXR Record gehörenden Buchungen und Aufruf des letzten PNRs (er ist im Hintergrund geöffnet).

7 PNR Split (Manueller Split)

Mit der Transaktion SP (Split) nehmen Sie den manuellen Split in einem PNR vor. Dieser ist erforderlich, wenn ein PNR mit mehreren Passagieren bereits abgeschlossen wurde und im Nachhinein mindestens einer der Passagiere seine Reiseroute ändert.

Informationen und Hilfen zu diesem Thema finden Sie unter:

Infos und Hilfen

HE SPLIT	Übersicht aller HELP Seiten zum Thema PNR Split
HE SP	HELP Abfrage mittels Transaktion

Nach dem Aufruf der Buchung erfolgt der Split-Vorgang in *3 Schritten*; diese sind:

* 1. Schritt: Split des Passagiers (bzw. der Passagiere), der seine Reiseroute ändern möchte.
* 2. Schritt: Abschluss des »Associate PNRs« mit EF (End and File).
* 3. Schritt: Abschluss des »Parent PNRs« mit ET.

Bitte nehmen Sie während des Split-Vorganges *keine* weiteren Änderungen am PNR vor, um Kommunikationsprobleme zwischen Amadeus und den Airline-Rechnern zu vermeiden.

Wichtiger Hinweis

PNR Beispiel

```
--- RLR ---
RP/FRAL12357/FRAL12357          TE/GS  15APRxx/0821Z   ZA9S4I
  1.FREI/CRISTINA MRS    2.SCHMITT/LARS MR
  3.WILLEMSEN/FRANK MR
  4  RG8745 C 15JAN 4 FRAGIG HK3       1  2230 0740+1 *1A/E*
  5  RG8744 C 22JAN 4 GIGFRA HK3       2  2340 1430+1 *1A/E*
  6 AP 06172-363688-B/P1-2
  7 AP 06172-363690-B/P3
  8 TK TL10JAN/FRAL12357
```

Abbildung 61: PNR nach Abruf aus dem System

Herr Willemsen (Passagier 3) muss seinen Rückflug vom 22. Januar auf den 24. Januar umbuchen. Dies ist nur möglich, indem dieser Passagier aus der Ursprungsbuchung heraus genommen und in einen neuen PNR überführt wird.

1. Schritt: Split für den Passagier, der seine Reiseroute ändern möchte.

Eingabe

SP 3	Split für Passagier mit der Laufnummer 3

Ausgabe

```
--- RLR ---
-ASSOCIATE PNR-
RP/FRAL12357/FRAL12357           TE/GS  15APRxx/0821Z   XXXXXX
  1.WILLEMSEN/FRANK MR
  2  RG8745 C 15JAN 4 FRAGIG HK1      1  2230 0740+1 *1A/E*
  3  RG8744 C 22JAN 4 GIGFRA HK1      2  2340 1430+1 *1A/E*
  4 AP 06172-363690-B
  5 TK TL10JAN/FRAL12357
  * SP 15APR/TEGS/FRAL12357-ZA9S4I
```

Abbildung 62: Anzeige des Associate PNRs

Erklärung Für Herrn Willemsen wurde ein separater PNR, der so genannte Associate PNR angelegt. Seine Daten wurden in diesen neuen PNR übernommen bzw. kopiert.

3. Zeile:	XXXXXX	Hinweis darauf, dass beim Abschluss des PNRs mit EF dieser PNR einen neuen 6-stelligen Recloc erhält und an die Airline übermittelt wird.
Letzte Zeile:	* SP 15APR/..	Hinweis, dass dieser PNR aufgrund eines PNR Splits entstanden ist; mit Angabe des Datums, der Sign Endung, des Duty Code und des Office Code.
	-ZA9S4I	Verweis auf den Recloc des Ursprungs-PNR.

2. Schritt: Abschluss des »Associate PNRs« mit EF (End and File).

Eingabe

EF	End and File; Abschluss des Associate PNRs

Ausgabe

```
--- RLR ---
-PARENT PNR-
RP/FRAL12357/FRAL12357           TE/GS  15APRxx/0821Z   ZA9S4I
  1.FREI/CRISTINA MRS   2.SCHMITT/LARS MR
  3  RG8745 C 15JAN 4 FRAGIG HK2      1  2230 0740+1 *1A/E*
  4  RG8744 C 22JAN 4 GIGFRA HK2      2  2340 1430+1 *1A/E*
  5 AP 06172-363688-B
  6 TK TL10JAN/FRAL12357
  * SP 15APR/TEGS/FRAL12357-ZBP94F
```

Abbildung 63: Anzeige des Parent PNRs

Der Associate PNR wurde abgeschlossen, der neue Recloc an die Airline *Erklärung* übermittelt und gleichzeitig der Parent PNR (Urprungs-PNR) angezeigt. In der letzten Zeile wird auch in diesem PNR auf den Split hingewiesen.

Letzte Zeile:	* SP 15APR/..	Hinweis, dass in diesem PNR ein Split vorgenommen wurde; mit Angabe des Datums, der Sign Endung, des Duty Code und des Office Code.
	-ZBP94F	Verweis auf den Recloc des Associate PNRs

Abschluss des »Parent PNRs« mit ET. **3. Schritt:**

ET	End Transaction; Abschluss des Parent PNRs	*Eingabe*

Ausgabe

```
--- RLR ---
-PARENT PNR-
RP/FRAL12357/FRAL12357          TE/GS  15APRxx/0821Z   ZA9S4I
  1.FREI/CRISTINA MRS   2.SCHMITT/LARS MR
  3  RG8745 C 15JAN 4 FRAGIG HK2       1  2230 0740+1 *1A/E*
  4  RG8744 C 22JAN 4 GIGFRA HK2       2  2340 1430+1 *1A/E*
  5 AP 06172-363688-B
  6 TK TL10JAN/FRAL12357
  * SP 15APR/TEGS/FRAL12357-ZBP94F
>ET
BUCHUNG ABGESCHLOSSEN - ZA9S4I SP-ZBP94F
```

Abbildung 64: Abschluss des Parent PNRs

Mit Abschluss des Parent PNRs ist der Split-Vorgang beendet. In der *Erklärung* letzten Zeile des PNRs werden der Recloc des Parent PNRs (ZA9S4I) und des Associate PNRs (ZBP94F) angezeigt.

Erst jetzt nach Beendigung des Split-Vorganges wird der abgesplittete PNR *Weiteres Vorgehen* (in diesem Beispiel: PNR von Herrn Willemsen) zur weiteren Bearbeitung aufgerufen und seine Umbuchung des Rückfluges vorgenommen.

SP 2,4	Split für Passagiere mit Laufnummer 2 und 4	*Weitere Eingaben*
SP 2,5-6	Split für Passagiere mit Laufnummer 2, 5 bis 6	

Beim manuellen Split sind der Ursprungs-PNR und alle abgesplitte- *AXR Record* ten PNRs über den AXR Record verbunden. Zur Darstellung des AXR Records verfahren Sie, wie im Kapitel 6.2. beschrieben.

8 PNR Replication (Kopierfunktion)

PNR Replication ist die Kopierfunktion für einen PNR. Sie haben die Möglichkeit, anhand eines bestehenden PNRs schnell und einfach weitere PNRs zu erstellen. In Abhängigkeit von den Elementen, die kopiert werden sollen, gibt es die folgenden Transaktionen:

RRN Kopie des gesamten PNRs
RRA Kopie des gesamten PNRs mit Verknüpfung über den AXR Record
RRI   Kopie der Itinerary Elemente (Elemente der Reiseroute)
RRP Kopie der Passenger Daten

Bei den Transaktionen RRN, RRA und RRI können Sie durch verschiedene Optionen Ihre PNR Kopie spezifizieren oder verändern, z.B. andere Platzanzahl, anderes Flugdatum, andere Buchungsklasse etc.

Infos und Hilfen   Informationen und Hilfen zu diesem Thema finden Sie unter:

HE REPLICATION	Übersicht aller HELP Seiten zum Thema PNR Replication
HE RRN	HELP Abfrage mittels Transaktion

Replication – RRN   Mit der Transaktion RRN kopieren Sie einen PNR in seiner Gesamtheit.

PNR Beispiel

```
--- RLR ---
RP/FRAL12357/FRAL12357          TE/GS  15APRxx/1230Z   ZCXIP4
  1.BECKER/LISA MRS   2.KOHL/KURT MR
  3  SK 636 C 10FEB 2 FRAARN HK2      1  1215 1415    *1A/E*
  4  SK 673 C 15FEB 7 ARNFRA HK2      5  1700 1910    *1A/E*
  5 AP 06172-506088-B
  6 TK TL01FEB/FRAL12357
  7 SSR VGML SK HK1/S3/P1
  8 SSR VGML SK HK1/S4/P1
  9 RM TICKETS PER BOTE ZUSTELLEN
 10 AM BECKER LISA, SEEDAMMWEG 12, 61348 BAD HOMBURG
```

Abbildung 65: PNR nach Abruf aus dem System

Eingabebeispiel

RRN	Replication; kopiert den gesamten PNR (Standardeingabe)

```
-IGNORED ZCXIP4-
RP/FRAL12357/
  1  SK 636 C 10FEB 2 FRAARN HK2        1215 1415    M80 E 0 0
     SEE RTSVC
  2  SK 673 C 15FEB 7 ARNFRA HK2        1700 1910    M80 E 0 0
     SEE RTSVC
  3 AP 06172-506088-B
  4 RM TICKETS PER BOTE ZUSTELLEN
  5 AM BECKER LISA, SEEDAMMWEG 12, 61348 BAD HOMBURG
```

Abbildung 66: PNR nach dem Kopiervorgang mit RRN

Ausgabe

Der PNR wurde für das gesamte Routing mit der gleichen Platzanzahl wie der ursprüngliche PNR kopiert und alle Elemente übernommen, außer das Ticket Time Limit (TK TL). Elemente, die passagiergebunden sind, werden nicht kopiert.

Erklärung

Der kopierte PNR ist noch mit den fehlenden Elementen zu ergänzen (Eingabe Namen, TK Element), evtl. zu modifizieren, wenn die kopierten Elemente (z.B. AP, RM, AM) dies erfordern und dann mit ET abzuschließen.

Der ursprüngliche PNR wurde ignoriert, d.h. ins System zurückgestellt und der Recloc angezeigt (siehe Vermerk in der 1. Zeile).

Kann ein PNR nicht kopiert werden, weil z.B. einer der Flüge oder die Buchungsklasse nicht mehr verfügbar ist, dann erhalten Sie die Meldung: KOPIEREN IST NICHT MOEGLICH und die entsprechende Begründung.

Hinweis

Nachfolgend erhalten Sie die wichtigsten Eingaben mit Optionen. Weitere Eingaben erhalten Sie unter HE RRN.

Weitere Eingaben

RRN/3	Kopie für veränderte Passagieranzahl, 3 Passagiere
RRN/DP5	Mit verändertem Datum für alle Segmente, plus 5 (DP = Date Plus)
RRN/DM2	Mit verändertem Datum für alle Segmente, minus 2 (DM = Date Minus)
RRN/CB	Mit veränderter Buchungsklasse (B) für alle Segmente (C = Class)
RRN/P1,4	Kopiert Passagier 1 und 4, inklusive NM-Element und passagierbezogene Elemente
RRN/S2-4	Kopiert nur die Segmente 2 bis 4
RRN/S3 12JAN	Kopiert alle Segmente und ändert das Datum für Segment 3

RRN/S3 15JAN/S4 18JAN	Kopiert alle Segmente und ändert jeweils das Datum für Segment 3 und 4

Replication – RRA

Mit der Transaktion RRA kopieren Sie einen PNR und verknüpfen ihn mit dem Ursprungs-PNR über den AXR Record. Im ursprünglichen und im neuen PNR erscheint dann der Hinweis AXR in der Kopfzeile und am Ende des PNRs wird der Replication-Vermerk angezeigt.

* RR 16APR/TEGS/FRAL12357-ZCXIP4 Replication mit Angabe des Datums, Sign Endung und Duty Code, Office ID und Record Locator.

Zur Darstellung des AXR Records verfahren Sie, wie im Kapitel 6.2. beschrieben.

Die Transaktion RRA erlaubt alle Optionen wie die Kopierfunktion RRN (siehe dort).

Eingabebeispiele

RRA	Kopiert den gesamten PNR und verknüpft ihn über den AXR Record mit dem Ursprungs-PNR (Standardeingabe)
RRA/2	Kopie für veränderte Passagieranzahl, 2 Passagiere
	Weitere Eingaben mit Option – analog Transaktion RRN

Replication – RRI

Mit der Transaktion RRI kopieren Sie von einem PNR die Itinerary Elemente, d.h. *nur die Elemente der Reiseroute*. Die Transaktion RRI erlaubt alle Optionen wie die Kopierfunktion RRN (siehe dort), außer die Option der Passagierzuordnung (z.B. /P1,4).

Eingabebeispiele

RRI	Kopiert nur die Itinerary Elemente (Standardeingabe)
RRI/4	Kopie für veränderte Passagieranzahl, 4 Passagiere
	Weitere Eingaben mit Option – analog Transaktion RRN

Replication – RRP

Mit der Transaktion RRP kopieren Sie von einem PNR *nur die Passagierdaten*, um für den gleichen Passagier eine weitere Buchung vorzunehmen. Es sind die folgenden Eingaben möglich.

Eingabebeispiele

RRP	Kopiert nur die Passagierdaten (Standardeingabe)
RRP/P2	Kopiert nur die Daten für Passagier mit Laufnummer 2

9 Frequent Flyer (Vielflieger)

Immer mehr Airlines bieten so genannte Vielfliegerprogramme an, um ihre Kunden an ihre Airline oder Airline-Allianz zu binden. Der Kunde erhält für in Anspruch genommene Flug-, Hotel- und Mietwagenleistungen Meilen gutgeschrieben, die er später in Prämien einlösen kann. Frequent Flyer erhalten zusätzlich Serviceleistungen rund ums Fliegen (z.B. Wartelistenpriorität, Check-In-Vorteile etc.).

Die Bedingungen für das Erreichen des Vielfliegerstatus' sind von Airline zu Airline verschieden, ebenso die damit verbundenen Vorteile und Leistungen. Alle Informationen dazu erhalten Sie über die AIS Informationen der jeweiligen Airline unter dem Stichwort FREQUENT. *Airline Spezifik*

Das Handling für die Buchung von Vielfliegern variiert in Abhängigkeit davon, ob die Airline ihre Vielfliegerdaten in Amadeus gespeichert hat oder nicht. Bevor Sie die Buchung durchführen, prüfen Sie dies bitte über GGPCAXX (XX=Airline Code). Erscheint hinter der Funktion »Frequent Flyer« ein YES, so sind die Vielfliegerdaten in Amadeus gespeichert. Kein Eintrag heißt, sie sind nicht gespeichert und damit ist ein Online-Zugriff auf die Vielflieger-Database der Airline nicht möglich. *Hinweis*

Informationen und Hilfen zu diesem Thema finden Sie unter: *Infos und Hilfen*

HE FREQUENT	Übersicht aller HELP Seiten zum Thema Frequent Flyer
HE FFA	HELP Abfrage mittels Transaktion
GGAIRXX FREQUENT	Informationen zum Frequent Flyer Programm der jeweiligen Airline (XX=Airline Code): Kundenkarten, Bedingungen, Prioritäten, Leistungen, Partner und Kooperationen u.v.m.
GGPCAXX	Participating Carrier Access and Function Level; Auflistung aller Funktionen, die eine Airline in Amadeus unterstützt (XX=Airline Code)
VFFD	Frequent Flyer Interline Agreements; Übersicht der Vereinbarungen zur gegenseitigen Anerkennung von Vielfliegerprogrammen der Airlines, die ihre Vielfliegerdaten in Amadeus gespeichert haben.

VFFD XX	Frequent Flyer Interline Agreements für eine bestimmte Airline (XX = Airline Code)

9.1 Handling 1: Airline hat ihre Frequent Flyer Daten in Amadeus gespeichert

9.1.1 Frequent Flyer Display

Mit der Transaktion FFD (Frequent Flyer Display) können Sie überprüfen, ob die Vielfliegerdaten des Passagiers in Amadeus gespeichert sind. Die Abfrage dient nur der Information.

Eingabebeispiel

FFD SK-EBG105068365	Frequent Flyer Display; Darstellung der Vielfliegerdaten für angegebene Airline und Vielfliegernummer

Ausgabe

```
EBG105068365
ERIKSSON/KARL
```

Abbildung 67: Ausgabe nach FFD – Frequent Flyer Display

Erklärung

Die Vielfliegernummer wurde online überprüft und mit dem gespeicherten Namen des Vielfliegers dargestellt.

9.1.2 Frequent Flyer Buchung

Mit der Transaktion FFA (Frequent Flyer Add) aktivieren Sie das Namenselement mit dem zugehörigen SSR-Element, d.h. Sie beginnen mit dem PNR Aufbau.

Hinweis

Bitte gehen Sie bei den in Amadeus gespeicherten Vielfliegern *immer* so vor. Nur so ist gewährleistet, dass der Passagier seine Wartelistenpriorität erhält, wenn der gewünschte Flug nur noch Warteliste anzeigt.

Eingabebeispiel

FFA SK-EBG105068365	Frequent Flyer Add; Erstellung des Namenselements mit der zugehörigen SSR-Information

Ausgabe

```
RP/FRAL12357/
  1.ERIKSSON/KARL
  2 *SSR FQTV YY HK/ SKEBG105068365/2
```

Abbildung 68: Ausgabe nach FFA – Frequent Flyer Add

Die eingegebene Vielfliegernummer wurde online überprüft und das Namenselement mit der zugehörigen SSR-Information erstellt.

Erklärung

Laufnummer 1:	Das Namenselement wurde aus der Frequent Flyer Database übernommen; es kann nicht mehr verändert werden.	
Laufnummer 2:	Das zugehörige SSR-Element wurde erstellt und enthält die folgenden Informationen:	
	*	Das Sternchen bedeutet, dass die Frequent Flyer Daten durch Amadeus geprüft und das SSR-Element automatisch erzeugt wurde.
	SSR	Special Service Request
	FQTV	4-stelliger AIRIMP Code der Leistung (FQTV=Frequent Traveller)
	YY	Anstelle des konkreten Airline Codes setzt das System YY, d.h. bei End Transaction (ET) wird für alle gebuchten Airlines, die die Vielfliegernummer der Karten-Airline akzeptieren, ein SSR-Element mit dem Airline Code erzeugt.
	HK/	Action Code (Hold Confirm=bestätigt)
	SKEBG1050..	Frequent Flyer Account Number; auf diese Nummer bekommt der Passagier seine Meilen gutgeschrieben.
	/2	Priority Number; diese wird vom System automatisch gesetzt und gibt Hinweis auf die Art der Frequent Flyer Karte und auf die Vorrechte, die der Karteninhaber bei seiner Airline genießt.

Sie buchen die Flüge wie gewohnt (siehe Segment Sell, Kapitel 2.1) und schließen den PNR ab.

Weiteres Vorgehen

PNR Beispiel

```
RP/FRAL12357/FRAL12357          TE/GS   23APRXX/1227Z   X846NZ
  1.ERIKSSON/KARL
  2   SK 636 C 10JAN 6 FRAARN HK1      1   1215 1415   *1A/E*
  3   SK1423 C 15JAN 4 ARNCPH HK1      5   0855 1005   *1A/E*
  4   LH3073 C 18JAN 7 CPHFRA HK1  1845 3  1925 2105   *1A/E*
  5 AP 069-151819-B
  6 TK TL05JAN/FRAL12357
  7 *SSR FQTV SK HK/ SKEBG105068365/2
  8 *SSR FQTV LH HK/ SKEBG105068365
```

Abbildung 69: Frequent Flyer nach PNR Abschluss

Erklärung Der PNR wurde abgeschlossen und wieder aufgerufen. Das System hat bei PNR Abschluss die »Tabelle der Vereinbarungen zur gegenseitigen Anerkennung von Vielfliegerprogrammen der Airlines« (VFFD) geprüft und hat die SSR-Elemente (Laufnummern 7 und 8) entsprechend erzeugt. In diesem PNR Beispiel heißt das konkret:

Herr Eriksson ist Vielflieger der SAS (SK) und bekommt seine Meilen auch für den Flug der Lufthansa gutgeschrieben, da Lufthansa Partner-Airline der SAS ist.

Weitere Eingaben

FFN SK-EBG1234567	Frequent Flyer Name; Nachtrag des SSR-Elements, wenn der Name bereits im PNR existiert. Name und Frequent Flyer Nummer werden online geprüft und miteinander verglichen.
FFN AF-1234567890/P2	Mit Passagierzuordnung

Wichtige Hinweise Eine gemeinsame Buchung mit Vielfliegern und Nicht-Vielfliegern bzw. Vielfliegern mit unterschiedlichen Prioritäten sind bei Wartelistenvergabe *nicht sinnvoll*, da unterschiedliche Prioritäten in *einem* Segment Sell *nicht* berücksichtigt werden.

Führen Sie die Reservierung mit Passagierzuordnung durch. Dadurch entsteht ein Non Homogeneous PNR und bei PNR Abschluss wird der automatische Split durchgeführt. Alternativ können auch separate PNRs angelegt werden.

In der PNR History gibt der Code FF (Frequent Flyer) im gebuchten Segment Aufschluss darüber, dass beim Segment Sell die Wartelistenpriorität berücksichtigt wurde.

9.2 Handling 2: Airline hat ihre Frequent Flyer Daten nicht in Amadeus gespeichert

Für Airlines, die ihre Frequent Flyer Daten *nicht* in Amadeus gespeichert haben, besteht nur die Möglichkeit mit Hilfe der Transaktion FFN, eine SSR-Information zu erstellen. Diese Information wird aber *nicht* in Amadeus geprüft; sie wird lediglich an die Airline übermittelt.

Eingabebeispiel

FFN KL-1213141516	Frequent Flyer Name; Erstellung der SSR-Information für die Airline, die *nicht* ihre Frequent Flyer Daten in Amadeus gespeichert hat. Name und Frequent Flyer Daten werden *nicht* geprüft.

```
RP/FRAL12357/
  1.VANDYCK/JAN MR
  2  KL1824 J 15JAN 4 TXLAMS HK1         1130 1300    737 E 0 C
  3  AF1141 C 18JAN 7 AMSCDG HK1  0815   0900 1015    735 E 0 B
  4 AP 030-151820-B
  5 TK TL12JAN/FRAL12357
  6 SSR FQTV KL HK/ KL1213141516
```

Ausgabe

Abbildung 70: Frequent Flyer nach FFN-Eingabe

Die SSR-Information wurde für die KLM (KL) erzeugt. Vor dem SSR steht *kein* Sternchen (*); das heißt, es erfolgte *keine* Überprüfung der Vielflieger-Daten durch Amadeus. Das SSR-Element enthält auch nicht die Priority Number (vergleiche Erklärung im Kapitel 9.1.2).

Erklärung

Bei PNR Abschluss wird die SSR-Information an die KLM (KL) übermittelt. Die Überprüfung und Verarbeitung der Daten erfolgt im System der KLM.

Da die in diesem Kapitel beschriebenen Frequent Flyer Daten nicht online geprüft werden, kann es passieren, dass bei fehlerhafter Eingabe ein SSR-Element von der Airline generiert wird (INVALID CARD NUMBER) und zu einem späteren Zeitpunkt in der Queue Ihres Büros aufläuft.

Hinweis

		Weitere Eingaben
FFN KL-121314151/P3	Mit Passagierzuordnung	
FFN NW-9876543,KL	FFN-Eingabe bei Kooperationen; Passagier ist im Besitz einer Frequent Flyer Karte der Northwest Airlines (NW) und nutzt Flüge der Partner-Airline KLM (KL).	

10 Seat Reservation (Sitzplatzreservierung)

Basis für die Sitzplatzreservierung bildet ein entsprechendes Agreement, das die Airline mit Amadeus abgeschlossen hat.

Nachdem Sie die Flugbuchung vorgenommen haben, können Sie den Sitzplatz für Ihren Kunden im Flugzeug reservieren. Dazu stehen Ihnen die Funktionen »Advanced Seat Request« und »Seat Map« zur Verfügung.

Voraussetzung Die Sitzplatzreservierung kann nur für einen *bestätigten* Flug durchgeführt werden, d.h. das Flugsegment enthält einen der folgenden Statuscodes: HK, KK, TK, RR, LK, SS.

Airline Spezifik Die Bedingungen für die Sitzplatzreservierung variieren von Airline zu Airline, vor allem in Bezug auf den Zeitraum, ab wann eine Sitzplatzreservierung vorgenommen werden kann und auf die Buchungsklasse.

Zeitraum	Maximal 362 Tage im Voraus, aber oft weniger bei einigen Airlines
Buchungsklasse	Oft Einschränkungen bei Sitzplatzreservierung in der Economy Class

Die konkreten Bedingungen der jeweiligen Airline können Sie nachlesen unter: GGAIRXX SEATS (XX=Airline Code).

Ist die Sitzplatzreservierung im Voraus für eine Airline nicht möglich, so kann diese erst beim Check-In vorgenommen werden.

Funktionen, die eine Airline unterstützt Des Weiteren steht Ihnen die Abfrage GGPCAXX (XX=Airline Code) zur Verfügung. Sie erhalten Informationen, welche Funktion die jeweilige Airline in Amadeus unterstützt.

SEAT MAP	Abfrage des Sitzplans aus dem Direct Access (YES=Ja, wird unterstützt; Blank=Nein, wird nicht unterstützt)

INTERACTIVE SEAT MAP	Abfrage des standardisierten Amadeus Sitzplanes (YES=Ja, wird unterstützt; Blank=Nein, wird nicht unterstützt)
ASR DAYS IN ADV	Angabe des Zeitraums (Tage vor Abflug), *ab* wann eine Sitzplatzreservierung im Voraus möglich ist.
ASR HOURS IN ADV...	Angabe des Zeitraums (Stunden vor Abflug), *bis* wann eine Sitzplatzreservierung im Voraus möglich ist.

Die Sitzplatzreservierung im Voraus ist eine Serviceleistung gegenüber dem Passagier, jedoch hat dieser *keinen* Rechtsanspruch auf diesen konkreten Sitzplatz, da es Situationen gibt, wo die Airline beim Check-In aus wichtigen operativen Gründen eine Umplatzierung vornehmen muss.

Wichtiger Hinweis

Informationen und Hilfen zu diesem Thema finden Sie unter:

Infos und Hilfen

HE SEATS	Übersicht aller HELP Seiten zum Thema Seat Reservation
HE ST	HELP Abfrage zur Funktion Advanced Seat Request (ASR)
HE SM	HELP Abfrage zur Funktion Seat Map
GGAIRXX SEATS	Informationen zu den speziellen Bedingungen der jeweiligen Airline (XX=Airline Code)
GGPCAXX	Participating Carrier Access and Function Level; Auflistung aller Funktionen, die eine Airline in Amadeus unterstützt (XX=Airline Code)

10.1 Advanced Seat Request (ASR)

Mit der Transaktion ST (Seat Request) fordern Sie den Sitzplatz an, indem Sie den Sitzplatzwunsch formulieren. Generell erfolgt die Anforderung für alle Passagiere und alle Strecken im PNR. Durch den Zusatz von Optionen können Sie Ihre Eingabe spezifizieren.

In *einer* Transaktion können Sitzplätze für maximal 5 Flugsegmente je Airline angefordert werden. Sind mehr Segmente einer Airline im PNR enthalten, werden bei Wiederholung der Transaktion automatisch die Sitzplätze für die fehlenden Segmente angefordert.

| *Eingabebeispiel* | ST | Seat Request; Standardeingabe, Nichtraucherplätze für alle Passagiere und Segmente |

Ausgabe

```
RP/FRAL12357/
    1.HERMES/SIBYLLE MRS   2.HERMES/HENRY MR
    3  LH3392 C 15JAN 4 MUCATH HK2        1115 1450    32S E 0 M
    4  OA 502 C 18JAN 7 ATHHER LK2        0745 0840    734   0
    5  OA 507 C 22JAN 4 HERATH LK2        1405 1455    734   0
    6  LH3393 C 23JAN 5 ATHMUC HK2        1545 1715    32S E 0 M
    7  AP 089-121416-H
    8  TK TL10JAN/FRAL12357
    9  SSR NSST OA NN2 ATHHER/S4
   10  SSR NSST OA NN2 HERATH/S5
   11  SSR NSST LH HK2 MUCATH/05A,P1/05C,P2/S3
   12  SSR NSST LH HK2 ATHMUC/06A,P1/06C,P2/S6
```

Abbildung 71: PNR nach Seat Request (Standard)

Erklärung Aufgrund der durchgeführten Sitzplatzanforderung wurden die SSR-Elemente mit den Laufnummern 9 bis 12 erzeugt. In Abhängigkeit von dem abgeschlossenen Agreement der Airline sind die Plätze auf Anfrage bzw. sofort bestätigt.

| Laufnummern 9/10 | Die Sitzplätze (NSST=Non-Smoking Seat) für die Flugsegmente 4 und 5 sind auf Anfrage (NN=need). Bei PNR Abschluss werden die Plätze bei der Airline OA (Olympic Airways) angefordert. Die Antwort (Bestätigung oder Ablehnung) gelangt in die Queue 1 Kategorie 6. |
| Laufnummern 11/12 | Die Sitzplätze für die Flugsegmente 3 und 6 wurden sofort mit HK (Hold Confirm) bestätigt und je zwei Sitzplätze (05A und 05C sowie 06A und 06C) mit eindeutiger Passagierzuordnung ausgewiesen. |

Optionen Ihre Eingabe können Sie mit Optionen spezifizieren, um so auf die konkreten Kundenwünsche einzugehen. Folgende Codes stehen für die spezielle Anforderung zur Verfügung:

Sitzzone	N	Non-Smoking Seat/Nichtraucher (Optional, da als Standard eingestellt)
	S	Smoking Seat/Raucher
Area Codes	A	Aisle/Gangplatz

Passenger Types	B	Bulkhead/Plätze in der ersten Reihe der jeweiligen Serviceklasse an Bord
	W	Window/Fensterplatz
	I	Infant/Platz mit Kleinkind
	H	Handicapped/Platz für behinderten Passagier (Bestätigung muss vorliegen; SSR-Element)
	U	Unaccompanied Minor/Platz für unbegleitetes Kind (Bestätigung muss vorliegen; SSR-Element)

ST/S/W	Smoking Seat Window; Fensterplatz im Raucher für alle Passagiere und Segmente

Eingabebeispiel

Ausgabe

```
RP/FRAL12357/
  1.SCHOEN/SVEN MR    2.SCHOEN/SONJA MRS
  3   DE4642 M 10JUL 4 FRAPMI HK2          1850 2055   767   0
  4   DE4643 M 17JUL 4 PMIFRA HK2          2155 0015+1 767   0
  5 AP 06172-406080-H
  6 SSR SMST DE HK2 FRAPMI/40H,P1/40K,P2/S3
  7 SSR SMST DE HK2 PMIFRA/40H,P1/40K,P2/S4
```

Abbildung 72: PNR nach Sitzplatzanforderung mit Optionen

Für die Passagiere wurden Raucherplätze am Fenster angefordert und sofort bestätigt (SSR-Elemente mit den Laufnummern 6 und 7). Für den Passagier 2 wurde der Platz 40K (Fensterplatz) vergeben und der Passagier 1 wurde daneben auf dem Platz 40H platziert.

Erklärung

Bitte beachten Sie bei Ihrer Eingabe: Die Sitzzone (Raucher/Nichtraucher – wenn zutreffend) muss stets zuerst genannt werden. Alle weiteren Optionen können in beliebiger Reihenfolge eingegeben werden.

Weitere Eingaben

ST/S	Smoking Seat; Raucherplatz
ST/S/P1	Mit Passagierzuordnung
ST/S/P2/S4,6	Mit Passagier- und Segmentzuordnung
ST/W	Window; Nichtraucherplatz am Fenster (bei mehreren Passagieren wird *ein* Platz am Fenster vergeben und die weiteren Passagiere werden daneben platziert).
ST/S/A/P2	Smoking Seat Aisle; Gangplatz in der Raucherzone für Passagier 2

ST/WB/P1	Fensterplatz in der Bulkhead-Reihe für Passagier 1
ST/WU	Fensterplatz für unbegleitetes Kind in der Nichtraucher-zone
ST/AI	Gangplatz für Erwachsenen mit Kleinkind in der Nicht-raucherzone
ST/01A/P1/S4	Anforderung eines speziellen Sitzplatzes, hier: 01A=Reihe 1 Platz A

AIRIMP Codes   Erfolgt die Anforderung für eine Airline, die keine Sitzplatzvereinbarung mit Amadeus abgeschlossen hat oder werden Plätze außerhalb des möglichen Zeitraumes angefordert, dann erhalten Sie die Rückweisung: NO ASR / SEGMENT X. Formulieren Sie in diesem Fall die Sitzplatzanfrage mit Benennung des 4-stelligen AIRIMP Codes. Bei PNR Abschluss wird eine Teletype Message an die Airline geschickt. Die Antwort gelangt in die Queue 1 Kategorie 6 Ihres Büros.

NSST	Non-Smoking Seat	Nichtraucher
NSSA	Non-Smoking Seat Aisle	Nichtraucher, Gangplatz
NSSW	Non-Smoking Seat Window	Nichtraucher, Fensterplatz
NSSB	Non-Smoking Seat Bulkhead	Nichtraucher, erste Reihe
SMST	Smoking Seat	Raucher
SMSA	Smoking Seat Aisle	Raucher, Gangplatz
SMSW	Smoking Seat Window	Raucher, Fensterplatz
SMSB	Smoking Seat Bulkhead	Raucher, erste Reihe
RQST	Request Seat	Anforderung spezieller Plätze

Eingaben

ST/SMST	Smoking Seat; Raucherplätze für alle Passagiere und Segmente (max. 5 Segmente je Airline pro Transaktion)
ST/NSSA/P1	Non-Smoking Seat Aisle; Gangplatz im Nichtraucher für Passagier 1
ST/SMSW/P2/S3,7	Smoking Seat Window; Fensterplatz im Raucher für Passagier 2, Segmente 3 und 7
ST/RQST/12A	Request Seat; Anforderung des Sitzplatzes 12 A für alle Segmente
ST/RQST/10A/P2/S5-6	Mit Passagier- und Segmentzuordnung

10.2 Seat Map (Sitzplan)

Mit der Transaktion SM (Seat Map) fragen Sie den Sitzplan ab und buchen anschließend den Sitzplatz für ihren Kunden aus dem Sitzplan.

Über Amadeus Vista haben Sie die Möglichkeit, den Sitzplan grafisch oder kryptisch abzufragen.

Als Standardkonfiguration (unter Anpassen/Konfiguration) ist der grafische Sitzplan eingestellt.

Nachfolgend werden Ihnen beide Möglichkeiten vorgestellt.

10.2.1 Grafischer Sitzplan

Unterstützt die Airline den standardisierten Amadeus Sitzplan, so erhalten Sie nach Ihrer Abfrage standardmäßig den *grafischen Sitzplan* angezeigt.

PNR Beispiel

```
--- RLR ---
RP/FRAL12357/FRAL12357        TE/GS  12JAN05/1635Z   2DKBS3
  1.TEICH/GISELA MRS
  2  DE5110 M 16SEP 5 FRABGI HK1        1410 1735   *1A/
  3  DE5111 M 23SEP 5 BGIFRA HK1        1835 1335+1 *1A/
  4 AP 06172-907080-H
  5 TK TL01SEP/FRAL12357
```

Abbildung 73a: PNR für Sitzplanabfrage

Für den Hinflug (Segment 2) soll nun der Sitzplan abgefragt werden.

Eingabe

SM 2	Seat Map; Abfrage des Sitzplanes für Flugsegment 2 im PNR

Beispiel/Ausgabe

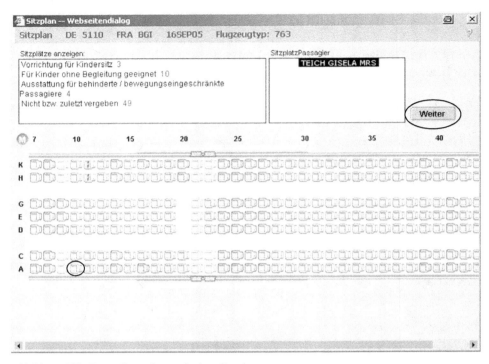

Abbildung 73b: Darstellung des grafischen Sitzplanes

Erklärung Der dargestellte Sitzplan ist selbsterklärend. Gehen Sie mit dem Mauszeiger auf den gewünschten Sitzplatz, dann erhalten Sie die Erklärung, ob der Platz verfügbar ist und reserviert werden kann.

Die Reservierung des Platzes nehmen Sie vor, indem Sie den Platz *markieren* (im Beispiel 10A) und anschließend auf *Weiter* klicken. Für die Reservierung wird im PNR ein SSR-Element erstellt (SSR RQST DE HK1 FRABGI/10AN,P1/S2); detaillierte Erklärung siehe Kapitel 10.2.3.

10.2.2 Kryptischer Sitzplan – Display

In Abhängigkeit von der gebuchten Airline werden die folgenden Sitzpläne angezeigt:

Interactive Seat Map   Standardisierter Amadeus Sitzplan

Seat Map   Sitzplan aus dem Direct Access; dieser ist *nicht* standardisiert, da er aus dem System der jeweiligen Airline angezeigt wird.

Unter GGPCAXX (XX=Airline Code) erhalten Sie die Information, welcher Sitzplan durch die jeweilige Airline in Amadeus unterstützt wird.

Möchten Sie auschließlich mit den *kryptischen* Eingaben arbeiten, so ändern Sie zuvor die Standardkonfiguration wie folgt: *Voraussetzung*

- Klick auf Symbol »Anpassen« in der Symbolleiste der Command Page
- Konfiguration/Grafikanzeige Sitzplan deaktivieren/Klick auf OK

PNR Beispiel

```
RP/FRAL12357/
 1.WAGNER/SENTA MRS
 2  DE5182 M 12SEP 5 FRABGI HK1        0950 1315   767   0
 3  DE5183 M 19SEP 5 BGIFRA HK1        1415 0935+1 767   1
 4 AP 0611-7901212-H
```

Abbildung 74a: PNR für Sitzplanabfrage

Für die vorliegende Buchung soll nun der Sitzplan abgefragt werden. Die Abfrage erfolgt je Flugsegment einzeln.

SM 2	Seat Map; Abfrage des Sitzplanes für Flugsegment 2 im PNR	*Eingabe*

Ausgabe

```
SM DE 5182/M/12SEPFRABGI                       /S002/
SMDE  5182  M 12SEP FRABGI       763
    M
    0  1     2      3      4
    789012456890234567890123456 789012345
          <  EE    >
K   CU/.+.H.-..//............--(--H.+... )              K
H   -U/...-....//............--(---..... )              H

G   -UU........ /............--(--......)               G
E   CUU........ /............--(--......)               E
D   -UU........ /............--(--......)               D

C   -U/...-.....//............--(---.... )              C
A   CU/...H.-..+//............--(--H..... )             A
          <  EE    >
    789012456890234567890123456 789012345
. AVAILABLE    <> WING     F GEN FACI   K GALLEY   E EXIT    C COT
+ OCCUPIED     - LAST OFF  H HANDICAP   Q QUIET    G GROUPS  P PET
/ RESTRICTED   B BULKHEAD  V PREF.SEAT  X BLOCKED  L TOILET  U UMNR
() SMOKING     D DEPORTEE  UP UP-DECK   Z NO FILM  I INFANT  R REAR
)>
```

Abbildung 74b: Darstellung des Sitzplanes für Flugsegment 2

Erklärung Es wird der standardisierte Amadeus Sitzplan für den Flug DE5182 in der M-Klasse angezeigt.

1. Zeile:	Anzeige der Eingabe; das Kurzformat SM 2 wurde in das Langformat umgesetzt und rechts außen mit der Segmentkennung (S002) ergänzt.		
2. Zeile:	Wiederholung der Eingabe mit Nennung des Fluggeräts (763 = Boeing 767-300)		
Ab 3. Zeile:	Anzeige des Sitzplanes; standardmäßig in horizontaler Darstellung (Flugrichtung zeigt nach links)		
	M	Anzeige der Serviceklasse an Bord (M = Economy Class)	
	07 45	Anzeige der Sitzplatzreihen, hier Reihen 07 bis 45	
	<......>	Die Reihen 16 bis 30 befinden sich über den Tragflächen.	
	AC DEG HK	Anzeige der Sitzplatzkennungen A bis K	
		A und K	Jeweils Fensterplatz
		C,D und G,H	Jeweils Gangplatz
		E	Mittelplatz
Legende:	Die Plätze im Sitzplan sind mit Codes gekennzeichnet. In der Legende unter dem Sitzplan werden die Codes in Englisch erklärt. Sie haben folgende Bedeutung:		
	. (Punkt)	Available	Platz ist frei und kann reserviert werden.
	+	Occupied	Platz ist belegt.
	/	Restricted	Reservierung eingeschränkt; Platzvergabe nur durch die Airline möglich.
	(...)	Smoking	Plätze in der Raucherzone (Reihen 37 bis 45 in der Ausgabe)
	< >	Wing	Plätze über den Tragflächen
	–	Last Off	Vergabe nur im Check-In möglich; Plätze werden zum Schluss vergeben.

B	Bulkhead	Vorderreihe in der jeweiligen Kabine
D	Deportee	Plätze für »Abzuschiebende«
F	Gen Faci	General Facilities; Platz kann für jeden Passagier vergeben werden.
H	Handicap	Sitzplatz für behinderten Passagier
V	Pref. Seat	Preferred Seat; vorzugsweise Vergabe an Frequent Flyer (Vielflieger)
UP	Up-Deck	Plätze im Upper Deck (abhängig vom Fluggerät)
K	Galley	Anzeige der Bordküche
Q	Quiet	Ruhezone (Schlafplätze, abhängig von Fluggerät und Airline)
X	Blocked	Durch die Airline geblockter Platz
Z	No Film	Von diesem Platz aus kann kein Film gesehen werden.
E	Exit	Notausgang (siehe Reihen 22/23 in der Ausgabe)
G	Groups	Sitzplätze für Gruppenpassagiere
L	Toilet	Anzeige der Toiletten
I	Infant	Platz für Passagier mit Infant (Kleinkind)
C	Cot (oder Crib)	Platz hinter Trennwand für die Möglichkeit der Benutzung eines Babykörbchens
P	Pet	Platz für Passagier mit Kleintier in der Kabine
U	UMNR	Unaccompanied Minor; Sitzplatz für allein reisendes Kind
R	Rear	Sitzplatz entgegengesetzt zur Flugrichtung

Hinweis Wird am Ende der Ausgabe)> angezeigt, so ist die Ausgabe nicht ganz vollständig und es kann mit MD/MU (Move Down/Move Up) geblättert werden.

Weitere Eingaben

SM	Seat Map; Abfrage des Sitzplanes (wenn nur 1 Flugsegment im PNR)
SM/3/C	Abfrage des Sitzplanes mit Laufnummer aus AN/SN Display
SM LH400/C/10JAN FRAJFK	Abfrage mit Flugnummer, Buchungsklasse, Datum und City Pair
SM IB3547/C/10SEPTXLMAD/V	Anzeige in vertikaler Darstellung, wenn die Airline diese unterstützt (V=vertical)
SM IB3547/C/10SEPTXLMAD/H	Umstellung auf die horizontale Darstellung des Sitzplanes (H=horizontal)

Seat Map im Direct Access Für diverse Airlines erhalten Sie bei der Seat Map Abfrage den Sitzplan aus dem Direct Access (siehe unter: GGPCAXX XX=Airline Code). Dieser wird aus dem System der Airline dargestellt und entspricht *nicht* dem vorher beschriebenen Amadeus Standard, damit sind die Darstellung des Sitzplanes und die enthaltenen Codes *nicht einheitlich*. Es wird auch keine Legende angezeigt, in der die Codes erklärt werden.

Empfehlung Da es nicht zumutbar ist, diese unterschiedlichen Direct Access Sitzpläne zu interpretieren, nehmen Sie bitte die Sitzplatzreservierung für diese Airlines mit der Transaktion ST (Seat Request; wie im Kapitel 10.1 beschrieben) vor.

10.2.3 Sitzplatzreservierung aus dem Sitzplan

Mit der Transaktion ST (Seat Request) wird der gewünschte Platz aus dem zuvor aufgerufenen Sitzplan reserviert.

Seat Map Display

```
SM DE 5182/M/12SEPFRABGI                        /S002/
SMDE  5182  M 12SEP FRABGI         763
    M
    0   1      2      3       4
    78901245689023456789 0123456 789012345
            <   EE    >
K   CU/.+.H.-..-//............--(--H.+... )              K
H    -U/...-....-//............--(---.... )              H

G    -UU.......  /............--(--......)               G
E   CUU.......  /............--(--......)                E
D    -UU.......  /............--(--......)               D

C    -U/...-.....//............--(---.... )              C
A   CU/...H.-..+//............--(--H..... )              A
            <   EE    >
    78901245689023456789 0123456 789012345
.  AVAILABLE    <> WING      F GEN FACI   K GALLEY   E EXIT    C COT
+  OCCUPIED     -  LAST OFF  H HANDICAP   Q QUIET    G GROUPS  P PET
/  RESTRICTED   B BULKHEAD   V PREF.SEAT  X BLOCKED  L TOILET  U UMNR
() SMOKING      D DEPORTEE   UP UP-DECK   Z NO FILM  I INFANT  R REAR
)>
```

Abbildung 75: Darstellung des Sitzplanes für Flugsegment 2

Für die Kundin soll der Platz in der Reihe 11 am Fenster links (A) reserviert werden.

Eingabe

ST/11A	Reservierung für den Platz 11A

Ausgabe

```
RP/FRAL12357/
  1.WAGNER/SENTA MRS
  2  DE5182 M 12SEP 5 FRABGI HK1      0950 1315   767   0
  3  DE5183 M 19SEP 5 BGIFRA HK1      1415 0935+1 767   1
  4 AP 0611-7901212-H
  5 SSR RQST DE HK1 FRABGI/11AN,P1/S2
```

Abbildung 76: PNR nach Platzreservierung aus dem Sitzplan

Erklärung

Das SSR-Element mit der Laufnummer 5 enthält die bestätigte Sitzplatzreservierung.

RQST	AIRIMP Code für Request Seat
DE	Airline Condor
HK1	Status Code HK=Hold Confirm und Anzahl der Plätze
FRABGI	City Pair
11AN	Der Platz 11A wurde im Nichtraucher (N=Non-Smoking) reserviert.
,P1/S2	Passagier- und Segmentzuordnung werden automatisch angefügt.

Nach dieser Reservierung ist der Platz 11A im Seat Map mit »+« gekennzeichnet, d.h. der Platz ist belegt.

Weiteres Vorgehen Enthält der PNR weitere Flugsegmente, so nehmen Sie die Sitzplatzreservierung für jedes Segment analog vor.

Weitere Eingaben

ST/15ABC	Folge von Sitzplätzen für mehrere Passagiere
ST/15AB/16AB	Plätze A und B in unterschiedlichen Reihen
ST/14A/P1	Mit Passagierzuordnung
ST/20EF/P3-4/S5	Mit Passagier- und Segmentzuordnung

11 Amadeus Itinerary (Reiseplan)

Sie haben die Möglichkeit, einen kompletten Reiseplan für Ihren Kunden zu erstellen. Dieser enthält chronologisch alle wichtigen Angaben zur Reiseroute in entschlüsselter Form.

Amadeus stellt zwei Arten von Reisplänen zur Verfügung. Diese sind:

Reiseplan-Arten

Basic Itinerary   Basis-Reiseplan; dieser enthält die Flugsegmente inklusive Sitzplatz-Reservierung, Hotel- und Car-Segmente.

Extended Itinerary   Erweiterter Reiseplan; dieser enthält zusätzliche Informationen zu den Flug-, Hotel- und Car-Segmenten und enthält alle gebuchten SSR-Leistungen.

Informationen und Hilfen zu diesem Thema finden Sie unter:

Infos und Hilfen

HE ITINERARY	Übersicht aller HELP Seiten zum Thema Itinerary
HE RIR	HELP Abfrage zur Funktion Itinerary Remark
HE IBP oder HE IEP	HELP Abfrage zur Funktion Itinerary Print

11.1 Itinerary Remark

Mit der Transaktion RIR (Itinerary Remark) erstellen Sie im PNR einen Vermerk, der beim Druck im Reiseplan erscheint. Sie haben so die Möglichkeit, Ihrem Kunden Informationen mitzuteilen, die Sie für wichtig erachten.

Dieses Remark darf maximal 64 Zeichen enthalten; es können bis zu 127 Remarks je PNR erstellt werden.

RIR DIESER TARIF ERLAUBT KEINE UMBUCHUNG	Itinerary Remark mit freiem Text

Eingabebeispiel

Ausgabe

```
--- RLR
RP/FRAL12357/FRAL12357            TE/GS   12MAYxx/1207Z   YSCZYN
  1.BERGER/BERND MR   2.BERGER/THEA MRS
  3  LH4052 W 10JAN 6 MUCNAP HK2  1050    1130 1310   *1A/
  4  LH5681 W 15JAN 4 NAPMUC HK2  1735    1810 1950   *1A/
  5 AP 0421-224466-H
  6 TK TL13MAY/FRAL12357
  7 SSR DBML LH HK1/S3/P2
  8 SSR DBML LH HK1/S4/P2
  9 RIR DIESER TARIF ERLAUBT KEINE UMBUCHUNG
 10 RIR ANGENEHME REISE
```

Abbildung 77: PNR mit Itinerary Remark (RIR)

Erklärung

Der PNR enthält mit den Laufnummern 9 und 10 zwei Itinerary Remarks.

Weitere Eingaben

RIR FREIER TEXT/P2	Itinerary Remark für Passagier 2
RIR FREIER TEXT/P2/S4-5	Itinerary Remark mit Passagier- und Segmentzuordnung

11.2 Itinerary Display und Print

Voraussetzungen

Bevor Sie die Darstellung oder den Druck des Reiseplans vornehmen, muss der PNR abgeschlossen worden sein und einen Recloc enthalten. Diese Funktionen sind auch *nicht* mit anderen Funktionen kombinierbar, sie sind stets separat durchzuführen.

Itinerary Display

Mit der Transaktion IBD (Itinerary Basic Display) oder IED (Itinerary Extended Display) können Sie sich vor dem Druck den Reiseplan zur Kontrolle am Bildschirm darstellen lassen. Das Layout entspricht dem gedruckten Reiseplan.

Eingaben

IBD	Itinerary Basic Display; Darstellung des Basis-Reiseplans
IED	Itinerary Extended Display; Darstellung des erweiterten Reiseplans

Itinerary Print

Mit der Transaktion IBP (Itinerary Basic Print) oder IEP (Itinerary Extended Print) erfolgt der Druck des Reiseplans auf Blankopapier. Standardmäßig wird je Passagier ein separater Reiseplan gedruckt. Sie haben aber auch die Möglichkeit, *einen gemeinsamen Reiseplan* für alle im PNR enthaltenen Passagiere zu erstellen.

Ist an Ihrem Terminal die Sprachpräferenz in Deutsch (GE) eingestellt, so wird der Reiseplan in Deutsch gedruckt. Sie können aber beim Druck des Reiseplans die Sprache ändern. Es sind alle Sprachen möglich, die auf der HELP Seite unter dem Stichwort »Specific Language« aufgeführt sind.

Wahl der Sprache

IBP	Itinerary Basic Print; Druck des Basis-Reiseplans
IEP	Itinerary Extended Print; Druck des erweiterten Reiseplans
IBPJ	Itinerary Basic Print Joint; gemeinsamer Reiseplan für alle im PNR gebuchten Passagiere
IEPJ	Itinerary Extended Print Joint; gemeinsamer Reiseplan für alle im PNR gebuchten Passagiere
IEP/LPFR	Language Preference; Änderung der Sprachpräferenz, hier: FR=French/Französisch
IEP/P1-2	Mit Passagierzuordnung
IBP/P1/S3-5	Mit Passagier- und Segmentzuordnung

Eingaben

```
AMADEUS GERMANY GMBH              DATUM 12MAIxx
MARIENBADER PLATZ 1               BUCHUNGSNR YSCZYN
BU A  ABT. VB    TESTTERMINALS
61348  BAD HOMBURG                BERGER/BERND MR
TELEFON  : 06172-91-0             BERGER/THEA MRS
FAX      : 06172-91-2119
EML:AMADEUS@REISEBUERO.DE
SERVICE        VON            NACH             ABFLUG  ANKUNFT
-------------- -------------- -------------------- -------- -------

LUFTHANSA - LH 4052
SAM 10JAN      MUNICH DE      NAPLES IT            1130    1310
               FRANZ J STRAUSS
NON-STOP                                       DAUER    1:40
               CHECK-IN BIS 1050              NICHTRAUCHERFLUG
               BUCHUNG BESTAETIGT - W ECONOMY CLASS
               AN BORD: IMBISS
               DIABETISCHE KOST    BESTAETIGT FUER BERGER/THEA MRS
               FLUGZEUG:AIRBUS INDUSTRIE A319

LUFTHANSA - LH 5681
DON 15JAN      NAPLES IT      MUNICH DE            1810    1950
                              FRANZ J STRAUSS
NON-STOP                                       DAUER    1:40
               CHECK-IN BIS 1735             NICHTRAUCHERFLUG
               BUCHUNG BESTAETIGT - W ECONOMY CLASS
               AN BORD: IMBISS
               DIABETISCHE KOST    BESTAETIGT FUER BERGER/THEA MRS
               DURCHGEFUEHRT VON:  CL LUFTHANSA CITYLINE
               FLUGZEUG:CANADAIR REGIONAL JET 700

RESERVIERUNGSNUMMER    LH/KMHQ9

DIESER TARIF ERLAUBT KEINE UMBUCHUNG
ANGENEHME REISE
```

Ausgabebeispiel

Abbildung 78: Amadeus Extended Itinerary (nach Eingabe IEPJ)

Erklärung   Nachdem die Eingabe vorgenommen wurde (hier: IEPJ), erscheint die Meldung ITINERARY WURDE GESENDET am Bildschirm. Gleichzeitig wird der Reiseplan zum Druck an den zugeordneten Printer geschickt. Der Drucker fordert Blankopapier an.

Links oben	Büro Adresse, entnommen aus dem Office Profile
Rechts oben	Datum, Record Locator und Namen der Passagiere aus dem PNR
SERVICE VON NACH ABFLUG...ANKUNFT	Spaltenaufbau; darunter wird die Reiseroute chronologisch aufgeführt und es werden alle für den Passagier notwendigen Informationen entschlüsselt und selbsterklärend dargestellt.
RESERVIERUNGSNUM...	Record Locator (KMHQ9) aus dem Airline System (hier Lufthansa)
Am Ende des Reiseplans	Im PNR eingegebene Itinerary Remarks (RIR, siehe Kapitel 11.1)

Hinweis   Der PNR bleibt nach dem Druck weiterhin geöffnet in Ihrer Arbeitsebene, so dass Sie entweder den PNR weiter bearbeiten können oder diesen mit IG zurück ins System setzen.

12 Queue

Jeder Amadeus Nutzer verfügt über eine Queue. Sie ist ein wichtiges Kommunikationsmedium und Speicher für die folgenden Fälle:

* Wiedervorlage für Buchungen (Antworten auf Anfragen)
* Überwachung von Terminen (Terminkalender)
* Elektronischer Briefkasten

Informationen und Hilfen zu diesem Thema finden Sie unter:

Infos und Hilfen

HE QUEUE	Übersicht aller HELP Seiten zum Thema Queue
HE QS	HELP Abfrage zu einer bestimmten Transaktion, hier: Queue Start

12.1 Queue Bank

Jedes Office hat seine eigene Queue. Die Queue besteht standardmäßig aus vordefinierten Queue Arten, Kategorien und Date Ranges. Ein Zugriff ist nur von Nutzern des eigenen Büros möglich, es sei denn, es wurde anderen Büros eine Zugriffsberechtigung erteilt.

12.1.1 Standard Queue Bank

Um die Queue in ihrem Aufbau zu verstehen, gilt es, die folgenden Begriffe zu klären.

Eine Special Queue wird in Kategorien unterteilt und kann aus bis zu 255 Kategorien (0 bis 254) bestehen.

Special Queue

Eine Dual Queue wird in Kategorien und zusätzlich in Date Ranges unterteilt. Sie kann bis zu 255 Kategorien (0 bis 254) und jeweils 4 Date Ranges umfassen.

Dual Queue

Eine Queue Art kann zur besseren Strukturierung und Übersicht der Inhalte so genannte Kategorien enthalten. Die Kategorie 0 ist immer die Standard Category. Sie sammelt automatisch alle Vorgänge, die keiner anderen Category zugeordnet werden können.

Queue Categories

Queue Date Ranges Jede Category einer Dual Queue wird zusätzlich in 4 Date Ranges unterteilt. Auflaufende Buchungen werden dadurch automatisch nach zeitlicher Dringlichkeit sortiert. Die Date Ranges sind standardmäßig vom System wie folgt festgelegt:

Date Range 1 PNRs mit Reiseantritt heute, morgen oder übermorgen

Date Range 2 PNRs mit Reiseantritt in 3 bis 5 Tagen

Date Range 3 PNRs mit Reiseantritt in 6 bis 8 Tagen

Date Range 4 PNRs mit Reiseantritt in 9 Tagen und später

12.1.2 Standard Queue Arten und ihre Beschreibung

Jede Queue Art ist mit einer Nummer und einer ihrer Funktion entsprechenden Bezeichnung versehen. Als Minimum Queue Bank sind die Queue Arten 0 und 97 definiert; sie können nicht gelöscht werden.

Nachfolgend werden die Queue Arten der *Standard Configuration* beschrieben. Die Erklärung der Queue Arten auf aktuellstem Stand können Sie auch nachlesen unter: HE QUEUE (GP INT).

Hinweis Der Supervisor hat die Möglichkeit, die Queue Bank des eigenen Offices zu verändern (Modifikation der Queue Arten, Kategorien und Date Ranges), wenn dies für die interne Organisation notwendig ist.

Queue Arten

DLY/DAT	Delay/Date	Die Delay/Date Anzeige ist ein Zwischenspeicher für PNRs, die auf ein späteres Datum zurückgestellt wurden. Am gewünschten Tag werden diese PNRs wieder automatisch in die ursprüngliche Queue gestellt. Diese Delay Queue kann nicht aktiv bearbeitet werden.
DLY/TIM	Delay/Time	Die Delay/Time Anzeige ist ein Zwischenspeicher für PNRs, die auf eine spätere Uhrzeit zurückgestellt wurden. Zur gewünschten Zeit werden diese PNRs wieder automatisch in die ursprüngliche Queue gestellt. Diese Delay Queue kann nicht aktiv bearbeitet werden.
Q 94 MSG-CP	Central Profile Messages	Rückmeldung zu Customer Profiles; dies betrifft »Follow Up Message« und Rückmeldung zu Frequent Flyer (z.B. Namensänderung in der Frequent Flyer Database)

Q 96 MSG-PDR	Past Date Record Messages	Rückmeldung auf angeforderte Past Date Records; abgelaufene PNRs mit kompletter History (siehe Kapitel 13.4)
Q 97 MSG	Message	Mitteilungen (freier Text) von Amadeus Nutzern
Q 0 GENERAL	General Queue	Hier laufen alle Vorgänge auf, die keiner anderen Queue Art zugeordnet werden können.
Q 1 CONFO	Confirmation Queue	Rückmeldung zu angeforderten Leistungen (z.B. Bestätigung oder Ablehnung eines Fluges, Hotel- oder Mietwagenleistung, Special Service Request/SSR/ etc.)
Q 2 KL	Confirmation from Waitlist	Bestätigung von der Warteliste mit dem Advice Code KL
Q 3 OPTION	Option Queue	PNRs mit Option Element (Wiedervorlage der PNRs am angegebenen Datum)
Q 4 RPCHNG	Responsible Office Change	PNRs, für die ein Responsibility Change (Änderung der PNR Verantwortlichkeit) auf Ihre Office ID durchgeführt wurde.
Q 5 RATES	Rates Queue	Queue zur manuellen Übermittlung von Raten (z.B. Negotiated Rates)
Q 7 SKEDCHG	Schedule Change	PNRs mit Änderung der Flugzeiten
Q 8 TKTG	Ticketing Queue	PNRs mit Ticketing Element für das angegebene Datum
Q 9 OA CTRL	Other Airline Control	PNRs, deren Queueing Office sich auf die Systemadresse einer Nicht-Amadeus Airline verändert hat. Dies tritt ein, wenn der Kunde sich direkt an die Airline gewandt hat, um beispielsweise eine Umbuchung vorzunehmen.
Q 12 XTL	Expired Time Limit	PNRs mit überschrittenem Ticket Time Limit (PNRs vom Vortag aus der Queue 8)
Q 14 PURGED	Purged PNRs	Aktive PNRs mit »flown and completed Segments«; dies sind so genannte Grenzfälle. Für einen PNR wurden die History-Daten mittels REP angefordert, aber für den Nutzer besteht noch die Möglichkeit, die History-Daten aktiv im geöffneten PNR mittels RH abzurufen (siehe Kapitel 13).
Q 23 RQR	Request for Reply	PNRs mit Segmenten, die nach 48 Stunden noch unbeantwortet auf Anfrage (HN) sind.

Q 25 MLIST	Multi List – Search PNR	Manuelle Platzierung von PNRs nach Abfrage »Search by Flight« (LM) oder »Search by Office« (LMB)
Q 26 MLIST	Multi List – Search PNR	PNRs, die nicht in Queue 25 platziert werden konnten.
Q 80 PTA	Prepaid Ticket Advice	Queue, in die so genannte PTAs (Rufpassagen) eingestellt werden.
Q 87 GRPS	Groups	PNRs, die ausschließlich Gruppenbuchungen beinhalten (siehe Kapitel 15).

12.2 Queue Count

Sie haben mehrere Möglichkeiten, die Queue abzufragen, um sich zu informieren, welche Queue Arten belegt sind bzw. zu prüfen, ob die Queue Ihres Büros dem Amadeus Standard entspricht.

12.2.1 Queue Count Total Activity

Mit dieser Abfrage erhalten Sie eine Übersicht, in welchen Queue Arten, Kategorien und Date Ranges Vorgänge zur Bearbeitung bereit stehen. Es werden *nur* die belegten Queue Arten angezeigt, nicht aber die leeren. Diese Darstellung nutzen Sie vor allem dann, wenn Sie im Anschluss die Queue bearbeiten möchten.

Eingabe

QT	Queue Total; Anzeige der belegten Queue Arten, Kategorien und Date Ranges

Ausgabe

```
1726 02MAY
QUEUE....FRAL12357.......Q/TTL.
Q97.MESSAGE...................
....BRDCST MSG...C 2.D1.  10.
Q 1.CONFO   ...................
....AIR        ...C 1.D4.   1.
....CAR        ...C 3.D4.   1.
....SSR        ...C 6.D4.   6.
Q 2.KL
               ...C 0 D1 ....2
Q 3.OPTION
               ...C 0        1
Q 7.SKEDCHG
    ASC        ...C 1 D4     3
Q 8.TKTG    ...................
....TIME/MAIL ...C 7.D1.    1.
>
```

Abbildung 79: Queue Count Total Activity (QT)

In der Ausgabe werden alle belegten Q-Arten angezeigt, die PNRs oder Messages enthalten.

Erklärung

1.–2. Zeile:	1726 02MAY	Uhrzeit und Datum der Abfrage
	QUEUE	Spalte für Q-Art und Bezeichnung
	FRAL12357	Office ID
	Q/TTL	Spalte für die Summe der aufgelaufenen PNRs und Nachrichten in der jeweiligen Queue Category (C) und Date Range (D).
Ab 3. Zeile:	Q 97	In der Q 97, Category 2 und Date Range 1 sind 10 Broadcast Messages (Rundschreiben) aufgelaufen.
	Q 1	In der Q 1 sind wie folgt PNRs eingegangen:
		AIR	In der Category 1, Date Range 4: 1 PNR mit bestätigter Flugbuchung
		CAR	In der Category 3, Date Range 4: 1 PNR mit bestätigter Mietwagenbuchung
		SSR	In der Category 6, Date Range 4: 6 PNRs mit Antwort auf angeforderte SSR-Leistungen
	Q 2	In der Category 0, Date Range 1: 2 PNRs mit bestätigter Warteliste
	Q 3	In der Category 0: 1 PNR mit gesetzter Option für das aktuelle Datum
	Q 7	In der Category 1, Date Range 4: 3 PNRs mit Zeitenänderung
	Q 8	In der Category 7, Date Range 1: 1 PNR mit Ticketingtermin für das aktuelle Datum

12.2.2 Queue Count Total

Mit dieser Abfrage erhalten Sie eine Übersicht aller Queue Arten Ihres Büros, inklusive der leeren. Es werden aber keine Kategorien und Date Ranges angezeigt.

Diese Abfrage nutzen Sie vor allem dann, wenn Sie wissen möchten, welche Q-Arten für Ihr Büro eingerichtet und belegt sind.

QTQ	Queue Total all Queues; Anzeige aller Queue Arten Ihres Büros inklusive der leeren

Eingabe

Ausgabe

```
1054 03MAY
QUEUE....FRAL12357.......Q/TTL.
....DLY/DAT...........    1.
....DLY/TIM...........    0.
Q94.MSG-CP.... .........  0.
Q96.MSG-PDR...........    0.
Q97.MESSAGE...........   14.
Q 0.GENERAL...........    0.
Q 1.CONFO  ...........    9.
Q 2.KL     ...........    2.
Q 3.OPTION ...........    1.
Q 4.RPCHNG ...........    0.
Q 5.RATES  ...........    0.
Q 7.SKEDCHG...........    3.
Q 8.TKTG   ...........    1.
Q12.XTL    ...........    0.
Q14.PURGED...........     0.
Q23.RQR    ...........    0.
Q25.MLIST  ...........    2.
Q26.MLIST  ...........    0.
Q80.PTA    ...........    0.
Q87.GRPS   ...........    0.
```

Abbildung 80: Queue Count Total (QTQ)

Erklärung

1.–2. Zeile:	1054 03MAY	Uhrzeit und Datum der Abfrage
	QUEUE	Spalte für Q-Art und Bezeichnung
	FRAL12357	Office ID
	Q/TTL	Spalte für die Summe der aufgelaufenen PNRs und Nachrichten je Queue Art
3.–4. Zeile:	DLY/DAT	Delay Date; Anzahl der auf ein Datum zurückgestellten PNRs
	DLY/TIM	Delay Time; Anzahl der auf eine Uhrzeit zurückgestellten PNRs
Ab 5. Zeile:	Q 94 bis Q 97	Queue Arten, die Messages enthalten
	Q 0 bis Q 87	Queue Arten, die PNRs enthalten

12.2.3 Queue Count

Über diese Funktion haben Sie die Möglichkeit, sich eine Queue Art mit all ihren Kategorien und Date Ranges abzufragen. Diese Darstellung hat rein informativen Charakter. Sie wird genutzt, wenn Sie wissen möchten, ob z.B. für die Q97 »persönliche Briefkästen« je Mitarbeiter in Ihrem Büro eingerichtet sind und wer welchen besitzt.

| QC 97CE | Queue Count all Categories inclusive empty; Anzeige der Queue Art mit allen Kategorien inklusive der leeren | *Eingabe* |

Ausgabe

```
1035 14MAY
QUEUE....FRAL12357.......Q/TTL.
Q97.MESSAGE..16MAY-19MAY-22MAY.
.................C  0.D1.    0.
.................C  0.D2.    0.
.................C  0.D3.    0.
.................C  0.D4.    0.
....SUPERVISOR...C  1.D1.    0.
.................C  1.D2.    0.
.................C  1.D3.    0.
.................C  1.D4.    0.
....BRDCST MSG...C  2.D1.   10.
.................C  2.D2.    0.
.................C  2.D3.    0.
.................C  2.D4.    0.
....DUPE CHECK...C  3.D1.    0.
.................C  3.D2.    0.
.................C  3.D3.    0.
.................C  3.D4.    0.
....TOUR     ..C  4.D1.    0.
.................C  4.D2.    0.
)>
```

Abbildung 81: Queue Count für Q97 mit allen Kategorien und Date Ranges

			Erklärung
1.–2. Zeile:	1035 14MAY	Uhrzeit und Datum der Abfrage	
	QUEUE	Spalte für Q-Art und Bezeichnung	
	FRAL12357	Office ID	
	Q/TTL	Spalte für die Summe der aufgelaufenen PNRs und Nachrichten je Queue Category	
3. Zeile:	Q97.MESSAGE	Q-Art und Bezeichnung	
	16MAY-19MAY-22MAY	Anzeige der Date Ranges 1, 2 und 3; Basis bildet das Datum der Abfrage (hier: 14MAY)	
	Nachfolgend werden die für diese Q-Art existierenden Kategorien dargestellt.		
Letzte Zeile:	)>	Hinweis zum Blättern; MD (oder VOR), um weitere Kategorien zu erhalten	

12.2.4 Queue Count mit Duty Code – Supervisor

Werden die vorher beschriebenen Abfragen mit dem Duty Code SU (Supervisor) vorgenommen, sind alle Queue Übersichten um drei Spalten erweitert. Der Supervisor erhält so einen Überblick, wie viele Vorgänge in der Queue aufgelaufen sind und bearbeitet wurden.

Ausgabebeispiel

```
1120 14MAY
QUEUE....FRAL12357.......Q/TTL..ADDS...LQC....IW
....DLY/DAT.............     0.................
....DLY/TIM.............     0.................
Q94.MSG-CP .............     0.    0.    0.    0
Q96.MSG-PDR.............     0.    2.    0.    2
Q97.MESSAGE.............    10.  175.    0.  165
Q 0.GENERAL.............     0.    5.    0.    5
Q 1.CONFO  .............     0.   91.    1.   92
Q 2.KL     .............     0.   12.    0.   12
Q 3.OPTION .............     0.    1.    0.    1
Q 4.RPCHNG .............     0.    9.    0.    9
Q 7.SKEDCHG.............     1.   22.    0.   21
Q 8.TKTG   .............     0.   17.    0.   17
Q 9.OA CTRL.............     0.    0.    0.    0          gekürzt
```

Abbildung 82: Queue Count Total (QTQ) mit Duty Code Supervisor

Erklärung

In der Übersicht erscheinen zusätzlich die folgenden drei Spalten; sie haben rein informativen Charakter:

ADDS	Additions	Anzahl der Vorgänge, die seit dem letzten Reset in der jeweiligen Q-Art aufgelaufen sind.
LQC	Last Queue Count	Anzahl der Vorgänge, die beim letzten Reset noch in der jeweiligen Q-Art enthalten waren.
IW	Items Worked	Anzeige, wie viele Vorgänge seit dem letzten Reset in der jeweilige Q-Art bearbeitet wurden.

Queue Count Reset

Der Queue Zähler wird mit der Transaktion QCR zurückgesetzt. Dabei werden die Spalten ADDS und IW komplett auf »Null« gesetzt und der Inhalt der Spalte Q/TTL wird in die Spalte LQC kopiert. Nach dem erfolgreichen Reset erhalten Sie die Antwort: OK.

Beim Reset gehen *keine* Vorgänge verloren; noch nicht bearbeitete Vorgänge verbleiben in der Queue!

Eingabe

QCR	Queue Count Reset; Rücksetzen des Queue Zählers (nur mit Duty Code SU möglich)

12.3 Queue Start

Mit der Transaktion QS (Queue Start) beginnen Sie die Queue Bearbeitung. Sie wird pro Queue Art, Kategorie und Date Range vorgenommen.

Sie sollten stets die Vorgänge mit der höchsten Dringlichkeit *zuerst* bearbeiten (Q-Art mit Vorgängen in der Date Range 1).

Empfehlung

QS 1C6D2	Queue Start für Queue 1, Category 6, Date Range 2

Eingabebeispiel

Ausgabe

```
CONFO   - SSR              Q1 C6 D2   (1)
--- RLR MSC ---
RP/FRAL12357/FRAL12357         LH/RM  12MAYxx/1200Z   Y8A9S9
  1.RODRIGUEZ/ANTONIO MR
  2  LH1294 C 16MAY 5 TXLMUC HK1  0920    0940 1045   *1A/E*
  3  LH4260 C 16MAY 5 MUCMAD HK1  1105    1135 1420   *1A/E*
  4 AP 030-1618999-B
  5 TK OK14MAY/FRAL12357
  6 SSR DBML LH UC1/S2
  7 SSR DBML LH KK1/S3
```

Abbildung 83: PNR nach Queue Start (QS)

Nach dem Queue Start wird der erste PNR aus der abgefragten Queue Art im Queue Bearbeitungsmodus (Queue Mode) dargestellt.

Erklärung

1. Zeile:	CONFO – SSR	Bezeichnung der Queue Art und Kategorie
	Q1 C6 D2	Queue Art, Kategorie, Date Range
	(1)	Anzahl der noch verbleibenden PNRs in dieser Kategorie und Date Range
9. Zeile:	SSR ...UC1/S2	Angefordertes Diabetiker-Essen wurde für die innerdeutsche Strecke (Segment 2) mit UC abgelehnt, da auf innerdeutschen Strecken kein Essen gereicht wird.
10. Zeile:	SSR ...KK1/S3	Angefordertes Diabetiker-Essen wurde für das Flugsegment 3 mit KK bestätigt.

QS 2	Queue Start für Queue 2 (Category 0, Date Range 1)
QS 1C1	Queue Start für Queue 1, Category 1 (Date Range 1)

Weitere Eingaben

12.4 Queue Bearbeitung

Nach dem Queue Start muss der im Queue Mode angezeigte PNR aktiv bearbeitet werden. Der Advice Code in den Flug- oder Service-Segmenten muss in den jeweiligen Status Code geändert werden.

12.4.1 Übersicht der Advice Codes und deren Änderung

Die folgende Auflistung gibt Ihnen einen Überblick, wie der jeweilige Advice Code in den Status Code zu ändern ist.

Infos und Hilfen   Informationen zu allen Codes erhalten Sie unter:

GG CODE	Liste der Codes
GG CODE K	Liste der Codes, beginnend mit K

Codes im Überblick

Advice Code	Bedeutung	Bearbeitung
KK	Confirmed/Bestätigt	Ändern in HK
KL	Confirmed from Waitlist/Bestätigt von der Warteliste	Ändern in HK
TK	Schedule Change on confirmed Segment/ Zeitenänderung für bestätigtes Segment	Ändern in HK
TL	Schedule Change on Waitlist/Zeiten- änderung für gebuchte Warteliste	Ändern in HL
TN	Schedule Change HN Segment/Zeiten- änderung für Segment in Anforderung	Ändern in HN
UU	Unable to confirm – Waitlist open/ Gebucht auf Warteliste	Ändern in HL
US	Unable to accept Sales – Waitlist open/ Gebucht auf Warteliste	Ändern in HL
UC	Unable – Closed/Ausgebucht, Buchung nicht möglich	Inaktiv streichen mit DL
UN	Unable – not operating/Nicht möglich	Inaktiv streichen mit DL
NO	No action taken/Ablehnung	Inaktiv streichen mit DL
HX	Cancelled by Airline/Annulliert durch die Airline	Inaktiv streichen mit DL

12.4.2 Bearbeitung von PNRs im Queue Mode

Amadeus stellt Ihnen zwei Methoden der Bearbeitung von PNRs zur Verfügung:

a) Manuelle Bearbeitung
b) Automatische Bearbeitung

In diesem Kapitel werden Ihnen beide Methoden vorgestellt. Bitte nutzen Sie aber in der Praxis weitestgehend die *automatische* Methode, da sie rationeller ist und auch Fehler bei der Bearbeitung vermieden werden können.

Empfehlung

Informationen und Hilfe zu diesen Funktionen erhalten Sie unter:

Infos und Hilfen

| HE PNR CHANGE (GP STA) | Hilfe zur Änderung Advice Code in Status Code |
| HE ETK oder HE ERK | Hilfe zum PNR Abschluss und automatische Änderung des Advice Codes |

Eingaben

6/HK	Manuelle Änderung des Advice Codes in den Status Code HK für Segment 6
DL5	Delete; löschen eines inaktiven Segments aus dem PNR (UC, UN, NO, HX)
ETK	End Transaction and Change Advice Codes; automatische Bearbeitung der Advice Codes (auch Streichen von inaktiven Segmenten) und PNR Abschluss
ERK	End Transaction, Change Advice Codes and Redisplay; automatische Bearbeitung der Advice Codes (auch Streichen von inaktiven Segmenten), PNR Abschluss und erneute Darstellung im Queue Mode

In dem folgenden PNR wurde das Diabetiker-Essen für das Flugsegment 2 mit UC abgelehnt und für das Flugsegment 3 mit KK bestätigt (siehe SSR-Elemente mit den Laufnummern 6 und 7).

PNR Beispiel

```
CONFO   - SSR                 Q1 C6 D2   (1)
--- RLR MSC ---
RP/FRAL12357/FRAL12357            LH/RM  12MAYxx/1200Z    Y8A9S9
  1.RODRIGUEZ/ANTONIO MR
  2 LH1294 C 16MAY 5 TXLMUC HK1  0920      0940 1045   *1A/E*
  3 LH4260 C 16MAY 5 MUCMAD HK1  1105      1135 1420   *1A/E*
  4 AP 030-1618999-B
  5 TK OK14MAY/FRAL12357
  6 SSR DBML LH UC1/S2
  7 SSR DBML LH KK1/S3
```

Abbildung 84: PNR nach Queue Start (QS)

Manuelle Bearbeitung

Das Element mit der Laufnummer 6 wird inaktiv gelöscht mit der Eingabe DL6. Es wird aus dem PNR entfernt und in die PNR History gesetzt.

Der PNR sortiert sich neu, indem das Element 7 die Laufnummer 6 erhält. Anschließend wird dieses Element mit der Eingabe 6/HK bearbeitet.

Ausgabe

```
CONFO   - SSR                 Q1 C6 D2   (1)
--- RLR MSC ---
RP/FRAL12357/FRAL12357            LH/RM  12MAYxx/1200Z    Y8A9S9
  1.RODRIGUEZ/ANTONIO MR
  2 LH1294 C 16MAY 5 TXLMUC HK1  0920      0940 1045   *1A/E*
  3 LH4260 C 16MAY 5 MUCMAD HK1  1105      1135 1420   *1A/E*
  4 AP 030-1618999-B
  5 TK OK14MAY/FRAL12357
  6 SSR DBML LH HK1/S3
```

Abbildung 85: PNR nach der manuellen Queue Bearbeitung

Erklärung

Der PNR enthält mit der Laufnummer 6 das bestätigte Diabetiker-Essen. Der ursprüngliche Advice Code KK wurde in HK geändert. Sie geben noch das RF-Element mit Ihrem Agentenkürzel ein und schließen dann den PNR mit End Transaction (ET) ab.

Der PNR wird aus der Queue entfernt und es erscheint automatisch der nächste PNR, solange in der Category und Date Range noch PNRs vorhanden sind.

Wurde der letzte PNR aus dieser Queue Art bearbeitet und abgeschlossen, wird automatisch das QT-Display angezeigt.

Ist die gesamte Queue leer, so erscheint die Antwort: ALL QUEUE/ CATEGORY/DATE RANGE EMPTY.

Alternativ kann der PNR bearbeitet werden, indem das RF-Element *Automatische*
mit Ihrem Agentenkürzel eingegeben wird und anschließend mit ETK *Bearbeitung*
die automatische Änderung der Advice Codes und der PNR Abschluss
durchgeführt werden. Der PNR wird aus der Queue entfernt und gleichzeitig erscheint automatisch der nächste PNR.

Haben Sie einen PNR oder eine Message aus der Queue abgefragt und *Weitere Hinweise*
müssen Sie während der Bearbeitung eine andere beliebige Abfrage vornehmen, so kommen Sie mit den folgenden Transaktionen zurück zum
PNR bzw. zur Message.

RT	Retrieve PNR; zurück zum abgefragten PNR im Queue Mode
QU	Queue Update; zurück zur abgefragten Message im Queue Mode

12.4.3 Queue Delay

Mit der Transaktion QD (Queue Delay) können Sie PNRs oder Messages
im Queue Mode zeitlich zurückstellen, um diese zu einem späteren
Zeitpunkt wieder in der ursprünglichen Queue zu erhalten.

```
CONFO   - SSR              Q1 C6 D4   (4)
--- RLR MSC ---
RP/FRAL12357/FRAL12357        LH/RM  15MAYxx/0943Z    ZDWTMT
  1.BOGNER/KURT MR
  2  LH 157 C 30MAY 5 HAMFRA HK1  1020 4  1050 1205  *1A/E*
  3  LH 592 C 30MAY 5 FRACAI HK1  1320 1  1350 1850  *1A/E*
  4  LHOPEN C        CAIFRA
  5  LHOPEN C        FRAHAM
  6 AP 040-1217888-B
  7 TK TL25MAY/FRAL12357
  8 SSR NSST LH HK1 HAMFRA/06A,P1/S2
  9 SSR NSST LH HK1 FRACAI/04G,P1/S3
 10 SSR VGML LH KK1/S3
```

PNR Beispiel

Abbildung 86: PNR nach Abruf im Queue Mode

Sie haben den PNR im Queue Mode aufgerufen. Das angeforderte vege-
tarische Essen (Element 10) wurde bestätigt. Sie möchten den PNR auf
morgen (16MAY) zurückstellen.

QD 16MAY	Queue Delay; PNR oder Message wird auf das angegebene Datum zurückgestellt.

Eingabe

Erklärung   Der PNR wird aus der Queue entfernt und in den Delay Speicher (DLY/DAT) gestellt. Es erscheint automatisch der nächste PNR, wenn sich weitere in dieser Category/Date Range befinden. Der zurückgestellte PNR wird am 16. Mai wieder in die gleiche Queue Art/Category eingestellt.

Weitere Eingaben

QD	PNR/Message wird unbearbeitet an das Ende der abgefragten Queue Art gestellt.
QD 1600	PNR/Message wird auf die angegebene Uhrzeit (UTC) zurückgestellt.
QD 16MAY/1500	PNR/Message wird auf Datum/Uhrzeit (UTC) zurückgestellt.
QD F	PNR/Message wird an das Ende der Queue Art gestellt und gleichzeitig die Queue Bearbeitung beendet.
QD F20MAY	PNR/Message wird auf das angegebene Datum zurückgestellt und Queue Bearbeitung beendet.
QD F1600	PNR/Message wird auf die angegebene Uhrzeit (UTC) zurückgestellt und Queue Bearbeitung beendet.
QD F20MAY/1600	PNR/Message wird auf das angegebene Datum/Uhrzeit (UTC) zurückgestellt und Queue Bearbeitung beendet.

Hinweis   Bitte beachten Sie bei den Eingaben mit Uhrzeit: Für das System gilt die UTC-Zeit (auch GMT genannt) und *nicht* die Ortszeit.

12.4.4 Queue Next

Mit der Transaktion QN (Queue Next) wird der dargestellte PNR oder die dargestellte Message aus der Queue entfernt und es erscheint automatisch der/die nächste.

Hinweis   Für einen PNR trifft dies zu, wenn dieser bereits außerhalb des Queue Mode bearbeitet wurde, d.h. Advice Codes in Status Codes geändert wurden.

```
MSG     - BRDCST MSG         Q97 C2 D1    (1)
                            MAD1A0951       16MAYxx 0749
BMDE/2,3
*                       FINNAIR NEWS              *
****************************************************
*     FINNAIR JETZT MIT DRITTER NONSTOP-VERBINDUNG   *
*  5 MAL WOECHENTLICH ZWISCHEN DUESSELDORF UND HELSINKI: *
*                                                  *
*     AY710    X67       DUS HEL  07:30H  10:55H   *
*     AY711    X56       HEL DUS  19:30H  21:00H   *
*  DIE TAGESRANDFLUGZEITEN ERMOEGLICHEN EINE 1-TAEGIGE  *
*  GESCHAEFTSREISE.                                *
*                                                  *
*  ANSCHLUESSE GIBT ES ZU 17 INNERFINNISCHEN FLUGZIELEN. *
*                                                  *
*  UEBER HELSINKI FUEHRT DER SCHNELLSTE UND KUERZESTE WEG *
*  NACH FERNOST.                                   *
****************************************************
```

Message Beispiel

Abbildung 87: Message nach Abruf im Queue Mode

Sie haben diese Broadcast Message (Rundschreiben) aus der Q97 aufgerufen, gelesen und möchten sie aus der Queue entfernen.

QN	Queue Next; PNR oder Message wird unbearbeitet aus der Queue entfernt und der nächste PNR/Message dargestellt.	*Eingabe*

Die Broadcast Message wird aus der Queue entfernt und es erscheint automatisch die nächste, wenn sich weitere in dieser Queue Category befinden.

Erklärung

QN F	Queue Next and Finish; PNR/Message wird aus der Queue entfernt und gleichzeitig die Queue Bearbeitung beendet.	*Weitere Eingabe*

12.4.5 Queue Ignore

Mit der Transaktion QI (Queue Ignore) wird der abgerufene PNR oder die Message ignoriert, d.h. an den Anfang der Queue Art gestellt und gleichzeitig die Queue Bearbeitung beendet.

```
SKEDCHG  - ASC              Q7 C1 D4    (1)
--- RLR ---
RP/FRAL12357/FRAL12357          TE/GS  15MAYxx/1242Z    ZFAZOF
  1.JONG/TSCHANG MR
  2  MH 005 C 10JUN 2 FRAKUL TK1     2  1215 0645+1 *1A/
  3 AP 0711-1216888-B
  4 TK OK15MAY/FRAL12357
  5 SSR XBAG MH HK1 1BOX 50X50X60CM TTL30KG/S2
```

PNR Beispiel

Abbildung 88: PNR nach Abruf im Queue Mode

Sie haben den PNR aus der Q7 (Zeitenänderung für den Flug MH005) abgerufen. Da aber ein dringender Anruf kommt, möchten Sie den PNR unverändert in der Queue belassen und die Queue Bearbeitung unterbrechen.

Eingabe	QI	Queue Ignore; PNR/Message wird ignoriert und Queue Bearbeitung beendet.

Erklärung Sie erhalten die Antwort: IGNORIERT – QUEUE-AUSSTIEG, d.h. der PNR wurde in die Queue zurückgestellt und der Queue Mode verlassen.

Weitere Eingabe	QI R	Ignore PNR and Redisplay; der PNR wird ignoriert und außerhalb des Queue Mode dargestellt.

12.4.6 Queue Finish

Mit der Transaktion QF (Queue Finish) wird ein bearbeiteter PNR abgeschlossen und gleichzeitig der Queue Mode beendet.

PNR Beispiel

```
SKEDCHG  - ASC              Q7 C1 D4   (1)
--- RLR ---
RP/FRAL12357/FRAL12357          TE/GS  15MAYxx/1242Z   ZFAZOF
RFTEI
   1.JONG/TSCHANG MR
   2  MH 005 C 10JUN 2 FRAKUL HK1     2  1215 0645+1 *1A/
   3 AP 0711-1216888-B
   4 TK OK15MAY/FRAL12357
   5 SSR XBAG MH HK1 1BOX 50X50X60CM TTL30KG/S2
```

Abbildung 89: Bearbeiteter PNR im Queue Mode

Sie haben die Zeitenänderung für das Segment 2 mit der Eingabe 2/HK bearbeitet, das RF-Element eingegeben und möchten aus dem Queue Mode aussteigen.

Eingabe	QF	Queue Finish; PNR wird nach der Bearbeitung abgeschlossen, aus der Queue entfernt und der Queue Mode verlassen.

Erklärung Sie erhalten die Antwort: BUCHUNG ABGESCHLOSSEN – QUEUE BEENDET – ZFAZOF, d.h. der PNR wurde abgeschlossen und der Queue Mode verlassen.

QF R	Queue Finish and Redisplay; PNR wird nach Bearbeitung abgeschlossen, aus der Queue entfernt, der Queue Mode verlassen und der PNR außerhalb des Queue Mode wieder dargestellt.

Weitere Eingabe

12.5 Manuelle Queue Platzierung

Mit der Transaktion QE (Queue Enter) überspielen Sie PNRs oder schicken Messages in die Queue des eigenen Büros, eines Partnerbüros oder an einen Provider (z.B. Airline).

12.5.1 Überspielen von PNRs

PNR Beispiel

```
--- RLR MSC ---
RP/FRAL12357/FRAL12357          TE/GS  15MAYxx/0945Z    ZDWTMT
 1.BOGNER/KURT MR
 2  LH 157 C 30MAY 5 HAMFRA HK1  1020 4  1050 1205   *1A/E*
 3  LH 592 C 30MAY 5 FRACAI HK1  1320 1  1350 1850   *1A/E*
 4  LHOPEN C        CAIFRA
 5  LHOPEN C        FRAHAM
 6 AP 040-1217888-B
 7 TK TL25MAY/FRAL12357
 8 SSR NSST LH HK1 HAMFRA/06A,P1/S2
 9 SSR NSST LH HK1 FRACAI/04G,P1/S3
10 SSR VGML LH HK1/S3
11 RM BITTE TICKET AUSSTELLEN
 * ES/G B FRAL12358
```

Abbildung 90: PNR zur manuellen Queue Platzierung

Sie möchten den PNR an Ihr Partnerbüro FRAL12358 in die Queue 0 überspielen. Ihre Eingabe nehmen Sie unterhalb der PNR Elemente vor.

QE/FRAL12358/0	Queue Enter; der geöffnete PNR wird in die Queue 0 des Empfängers platziert.

Eingabe

QE/FRAL12358/0 QUEUE PLATZIERUNG IST ERFOLGT - ZDWTMZ

Antwort

Abbildung 91: Systemantwort nach manueller Queue Platzierung

Sie erhalten in den letzten zwei Zeilen die Erfolgsmeldung:

Erklärung

QE/FRAL12358/0	Darstellung Ihrer vorgenommenen Eingabe

QUEUE PLATZIERUNG IST ERFOLGT – ZDWTMT	Hinweis vom System, dass der PNR auf der Queue des Empfängers platziert und gleichzeitig abgeschlossen wurde. Der Recloc wird angezeigt.

Weitere Eingaben

QE 0	Der geöffnete PNR wird in die Q0 des eigenen Büros platziert.
QE 80C3	Der geöffnete PNR wird in die Q80 Category 3 des eigenen Büros platziert.
QE/FRAL12358/80C3	Der geöffnete PNR wird in die Q80 Category 3 des Empfängers platziert.

12.5.2 Senden einer Queue Message

Die Queue 97 (Message Queue) dient der Kommunikation innerhalb Ihres Büros und mit anderen Büros, die in Amadeus frei geschaltet sind und eine Amadeus Office ID besitzen.

Message Beispiel

Sie geben in der ersten freien Zeile das QE-Format ein und in den nachfolgenden Zeilen die Nachricht als freien Text; Zeilenvorschub mit der Tastenfunktion (STRG) + (Enter). Das Ende des Textes wird mit zwei Schrägstrichen markiert. Die Datenübertragung erfolgt mit der Enter-Taste.

```
QE/QSHL12902/97
BITTE KUNDIN FRAU HERBST ANRUFEN WEGEN IHRER WARTELISTE//
```

Abbildung 92: Erstellte Queue Message

Erfolgsmeldung

Wurde die Nachricht erfolgreich übertragen, dann erscheint die folgende Meldung.

```
QE/QSHL12902/97

FRAL12357        GS/TE              15MAYXX/1501Z
BITTE KUNDIN FRAU HERBST ANRUFEN WEGEN IHRER WARTELISTE
```

Abbildung 93: Gesendete Queue Message

1. Zeile:	QE/QSHL12902/97	Anzeige der QE-Eingabe
2. Zeile:	FRAL12357	Office ID des Absenders
	GS/TE	Duty Code und Sign Endung
	15MAYxx/1501Z	Datum und Uhrzeit (UTC) der Übermittlung
3. Zeile:	Anschließend wird der Message-Text wiederholt.	

Erklärung

QE97	Senden einer Message in die Q97 des eigenen Büros
QE97C24	Senden einer Message in die Q97 Category 24 des eigenen Büros
QE/QSHL12902/97C24	Senden einer Message in die Q97 Category 24 des Empfängers

Weitere Eingaben

12.6 Queue Print

Alternativ zur Queue Bearbeitung im Queue Mode können Sie die in der Queue stehenden Vorgänge am Dokumentendrucker oder Systemdrucker ausdrucken und anschließend bearbeiten.

Der Druck wird außerhalb des Queue Mode angestoßen und ist nur mit dem Duty Code SU (Supervisor) möglich, ansonsten erhalten Sie die Meldung: EINGABE IST NICHT ZULAESSIG.

Voraussetzung

Folgende Transaktionen stehen Ihnen beim Queue Print zur Verfügung:

Transaktionen

QP	Queue Print	PNRs/Messages werden ausgedruckt und aus der Queue entfernt.
QPR	Queue Print and Retain	PNRs/Messages werden ausgedruckt und verbleiben in der Queue.
QH	Queue Print History	PNRs werden inklusive der History ausgedruckt und aus der Queue entfernt.
QHR	Queue Print History and Retain	PNRs werden inklusive der History ausgedruckt und verbleiben in der Queue.

Eingabebeispiele	QP97	Queue Print; Druck und Entfernen aller Messages aus Q97, Category 0
	QP97C2	Druck und Entfernen aller Messages aus Q97, Category 2
	QP87C1D4	Druck und Entfernen aller PNRs aus Q87, Category 1, Date Range 4
	QPR1C1D1	Queue Print and Retain; Druck aller PNRs aus Q1, Category 1, Date Range 1; PNRs verbleiben in der Queue.
	QH7C1D1	Queue Print History; Druck aller PNRs inklusive History aus Q7, Category 1, Date Range 1
	QHR7C1D1	Queue Print History and Retain; Druck aller PNRs inklusive History aus Q7, Category 1, Date Range 1; PNRs verbleiben in der Queue.

Warnmeldungen In Abhängigkeit von der Art der Eingabe erhalten Sie die folgenden Warnmeldungen:

QP und QH	All PNRS/MSGS will be printed and removed from Queue. Reenter Entry to confirm.
QPR und QHR	All PNRS/MSGS will be printed. Reenter Entry to confirm.

Möchten Sie Ihre Eingabe ausführen, so bestätigen Sie dies durch Wiederholung Ihrer Eingabe.

Nach der Datenübertragung erscheint die Meldung OK STARTED. Der Zusatz PNR RETENTION weist darauf hin, dass die PNRs/Messages in der Queue verbleiben.

Der Ausdruck erfolgt auf Blankopapier; jeder PNR/Message auf einer separaten Seite. Auf der letzten Seite des Prints wird aufgeführt, welche Queue Art, Category, Date Range und wie viele Vorgänge (Items) ausgedruckt wurden.

Beispiel: QP/FRAL12357/97C002D1 04 ITEMS PRINTED.

13 PNR History

In der PNR History wird der Werdegang eines PNRs, beginnend mit der PNR Erstellung, gespeichert. Jede Änderung, Queue Bearbeitung oder Stornierung wird beim PNR Abschluss in der History chronologisch mit Datum und Uhrzeit registriert und kann jederzeit bei Bedarf nachvollzogen werden.

Die History ist vor allem ein wichtiger Nachweis bei der Bearbeitung von Regressansprüchen, wenn diese der Kunde stellt und Sie nachvollziehen müssen, was konkret zu welchem Zeitpunkt und durch wen an der Buchung gemacht worden ist.

Informationen und Hilfen zu diesem Thema finden Sie unter:

Infos und Hilfen

HE PNR HISTORY	Übersicht aller HELP Seiten zum Thema PNR History
HE RH	HELP Abfrage mittels Transaktion
HE PNR RECALL	HELP Abfrage für einen Past Date Record (archivierter PNR)

13.1 Abfrage der PNR History

Mit der Transaktion RH (Retrieve History) lassen Sie sich die PNR History am Bildschirm darstellen. Der PNR inklusive seiner History ist bis zu 3 Tage nach dem Datum des letzten Segments abrufbar. Danach werden die Daten in Amadeus archiviert.

Bevor Sie die PNR History aufrufen, muss der PNR geöffnet sein.

PNR Beispiel

```
--- RLR ---
RP/FRAL12357/FRAL12357          TE/GS  20MAYxx/1401Z   X5XPCL
  1.BERGER/GEORG MR   2.JANSEN/HORST MR
  3  LH3828 C 10JUL 4 FRALIN HK2  0755 1  0825 0935   *1A/E*
  4  AZ1285 Y 13JUL 7 LINNAP HK2          0855 1015   *1A/E*
  5  ARNK
  6  LH3911 C 20JUL 7 FCOFRA HK2  1825 B  1900 2105   *1A/E*
  7 AP 06172-408090-B MR BERGER
  8 TK TL05JUL/FRAL12357
```

Abbildung 94: Geöffneter PNR für History Abfrage

© Amadeus Germany GmbH

| Eingabe | RH/ALL | Retrieve History; Abfrage der History inklusive der Queue Aktionen |

Ausgabe

```
RP/FRAL12357/FRAL12357              TE/GS  20MAYxx/1401Z   X5XPCL
    000 ON/BERGER/GEORG MR JANSEN/HORST MR WEISS/THEA MRS
    000 OS/LH3828 C 10JUL 4 FRALIN LK3 0825 0935/NN *1A/E*
    000 OS/AZ1285 Y 13JUL 7 LINNAP LK3 0855 1015/NN *1A/E*
    000 OS/LH3911 C 19JUL 6 FCOFRA LK3 1900 2105/NN *1A/E*
    000 OR/SSR VGMLLHNN1/LH3828 C 10JUL FRALIN/WEISS/THEA MRS
    000 OR/SSR VGMLLHNN1/LH3911 C 19JUL FCOFRA/WEISS/THEA MRS
    000 RF-MRBERGER CR-FRAL12357 GS 1011TE 15MAY/1400Z
000/001 CS/SSR VGMLLHKK1/HN/LH3828 C 10JUL FRALIN/WEISS/THEA
        MRS
000/001 CS/SSR VGMLLHKK1/HN/LH3911 C 19JUL FCOFRA/WEISS/THEA
        MRS
    001 RF-FRARMLH 151400 CR-FRA RM LH 15MAY/1400Z
    002 QA/QE/FRAL12357/1C6D4
    002 RF-FRARMLH 151400 CR-FRA RM LH 15MAY/1400Z
001/003 CS/SSR VGMLLHHK1/KK/LH3828 C 10JUL FRALIN/WEISS/THEA
        MRS
001/003 CS/SSR VGMLLHHK1/KK/LH3911 C 19JUL FCOFRA/WEISS/THEA
        MRS
    003 QA/QR/FRAL12357/1C6D4
    003 RF-ETK-  CR-FRAL12357 GS 1011TE 15MAY/1400Z
000/004 XN/WEISS/THEA MRS
000/004 XS/LH3828 C 10JUL 4 FRALIN HK1 0825 0935/NN *1A/E*
000/004 XS/AZ1285 Y 13JUL 7 LINNAP HK1 0855 1015/NN *1A/E*
000/004 XS/LH3911 C 19JUL 6 FCOFRA HK1 1900 2105/NN *1A/E*
003/004 SX/SSR VGMLLHHK1/LH3828 C 10JUL FRALIN/WEISS/THEA MRS
003/004 SX/SSR VGMLLHHK1/LH3911 C 19JUL FCOFRA/WEISS/THEA MRS
    004 RF-WEISS CR-FRAL12357 GS 1011TE 18MAY/1412Z
004/005 XS/LH3911 C 19JUL 6 FCOFRA HK2 1900 2105/NN *1A/E*
    005 AS/LH3911 C 20JUL 7 FCOFRA LK2 1900 2105/NN *1A/E*
    005 RF-MRJANSEN CR-FRAL12357 GS 1011TE 19MAY/1501Z
```

Abbildung 95: PNR History inklusive Queue Aktionen

Erklärung Jeder Buchungsvorgang wird in der History mit einer 3-stelligen Vorgangsnummer versehen, beginnend mit 000 für die PNR Erstellung, 001 und folgende für die weiteren Aktivitäten (PNR Änderungen, Bestätigungen etc.).

Stehen in einer Zeile *zwei* Nummern (z.B. 000/001), so bezieht sich die erste auf die ursprüngliche Erstellung des Elements.

Die jeweils durchgeführte Aktion (Änderung, Ergänzung, Stornierung, Queue Platzierung etc.) ist am *History Element Code* erkennbar. Dieser steht unmittelbar nach der Nummer des jeweiligen Vorganges.

Mit den Blätterfunktionen MD/MU (Move Down/Move Up) blättern Sie in einer mehrseitigen PNR History.

Nachfolgend wird anhand des Ausgabebeispiels der generelle Aufbau der History erklärt. Dieser gilt gleichermaßen, wenn Sie die PNR History selektiv abfragen.

Kopfzeile	Die Kopfzeile wird aus dem aktiven PNR übernommen und enthält folgende Informationen:	
	RP/FRAL12357	Responsibility
	/FRAL12357	Queueing Office
	TE/GS	Sign und Duty Code
	20MAYxx/1401Z	Datum und Uhrzeit (Z=Zulo/UTC)
	X5XPCL	Record Locator
Vorgang 000	Der Vorgang 000 kennzeichnet die PNR Erstellung. Es erscheinen die Namen (ON=Original Name), die Flugsegmente (OS=Original Air Segment) und die SSR-Elemente (OR=Original SSR Element). WICHTIG: Der *Status LK* in den Flugsegmenten weist darauf hin, dass es sich um garantierte Plätze handelt. In der letzten Zeile des Vorganges 000 ist der Auftraggeber (RF-Element) vermerkt. Dem wurden automatisch Office Code, Duty Code, 6-stelliges Sign, Datum und Uhrzeit (UTC) vom System zugesteuert.	
Vorgang 001	Im Vorgang 001 erfolgte die Bestätigung des vegetarischen Essens (VGML) für Frau Weiss durch die Airline (CS=Changed Status Code). In der letzten Zeile des Vorganges 001 ist der Absender (RF-FRARMLH=Sita-Adresse der Airline) mit Datum und Uhrzeit (UTC) vermerkt.	
Vorgang 002	Im Vorgang 002 erfolgte die Queue Platzierung (QA=Automatic Queue Update) und in der letzten Zeile des Vorganges 002 ist der Absender (RF-FRARMLH) mit Datum und Uhrzeit (UTC) vermerkt.	
Vorgang 003	Im Vorgang 003 erfolgte die Queue Bearbeitung. Der Status Code KK in den SSR-Elementen wurde in HK geändert (CS=Changed Status Code) und mit QR (Queue Remove) aus der Queue (Q1C6D4) entfernt. In der letzten Zeile des Vorganges 003 ist vermerkt, dass die Bearbeitung mit der Transaktion ETK (automatische Queue Bearbeitung) durchgeführt wurde, mit Angabe des Office Codes, Datum und Uhrzeit (UTC).	

Vorgang 004	Im Vorgang 004 wurde Frau Weiss komplett storniert (XN = Cancelled Name Element) und damit ihre Flüge (XS) und SSR-Leistungen (SX). In der letzten Zeile des Vorganges 004 ist der Auftraggeber (RF-Element) vermerkt. Dem wurden automatisch Office Code, Duty Code, 6-stelliges Sign, Datum und Uhrzeit (UTC) vom System zugesteuert.
Vorgang 005	Im Vorgang 005 erfolgte eine Umbuchung des Fluges vom 19. Juli auf den 20. Juli. In der History ist dies als Stornierung (XS) und Neubuchung (AS) vermerkt. In der letzten Zeile des Vorganges 005 ist der Auftraggeber (RF-Element) vermerkt, mit Angabe von Office Code, Duty Code, 6-stelligem Sign, Datum und Uhrzeit (UTC).

Weitere Hinweise   Mit der Eingabe RT gelangen Sie von der History zurück zum *aktiven* PNR.

Split PNR   Wurden ein oder mehrere Passagiere vom Ursprungs-PNR abgesplittet (SP = Split Party), so wird mit dem Split-Vorgang für den neu entstandenen PNR auch die History angelegt. Es erfolgt ein Verweis auf den Record Locator des Ursprungs-PNR. In der History des Ursprungs-PNR sind alle Aktionen vermerkt, die *vor* dem Split in diesem PNR durchgeführt wurden.

Frequent Flyer   In der PNR History gibt der Code FF (Frequent Flyer) im gebuchten Flugsegment Aufschluss darüber, dass beim Segment Sell die Wartelistenpriorität berücksichtigt wurde.

Weitere Eingabe

RH	Abfrage der History ohne die Queue Aktionen

13.2 Selektive Abfrage der PNR History

Ist eine History sehr umfangreich, dann haben Sie die Möglichkeit der selektiven Abfrage, d.h. Sie lassen sich nur Teile aus der History darstellen. Die nachfolgenden Eingaben erlauben keine Leerzeichen.

Hinweis   Erscheint bei einer sehr langen History die Meldung: DISPLAY IS TOO LONG, so fragen Sie die History ab dieser Position mit der Nummer des Vorganges (z.B. 019) ab.

RHA	AIR Segments; History nur für Flugsegmente	
RHC	Car Segments; History nur für Mietwagensegmente	
RHF	Fare Elements; History nur für Fare Elemente	
RHH	Hotel Segments; History nur für Hotelsegmente	
RHN	Name Elements; History nur für Namenselemente	
RHP	Passenger Date; History nur für Passagierdaten	
RHQ	Queue; History nur für Queue Aktionen	
RHA,Q	Kombinierte Eingabe	
RHS5	History für Segment mit Laufnummer 5 des PNRs	
RH019	Abruf der History ab Vorgang 19	

Eingaben

13.3 History Element Codes

Amadeus verwendet 2-stellige History Codes, die eine logische Interpretation der vorgenommenen Aktion im PNR ermöglichen. Der History Code besteht aus zwei Buchstaben und steht unmittelbar hinter der Vorgangsnummer.

Weitestgehend lässt sich die folgende Regel für die Codes ableiten:

O	Original	Original-Element
A	Added	Zusatz vorgenommen
C	Change	Änderung durchgeführt
X	Cancel	Stornierung durchgeführt

Nachfolgend erhalten Sie eine Auswahl der *wichtigsten* History Codes. Die alphabetische Auflistung aller History Codes finden Sie unter:
HE RH (List of History Element Codes); MS 127.

History Codes

125

```
HISTORY DISPLAY CODES
---------------------
AE   ADDED INDIVIDUAL SECURITY ELEMENT
AF   ADDED FARE ELEMENT
AM   ADDED MAILING ADDRESS ELEMENT
AN   ADDED NAME ELEMENT
AO   ADDED OPTION ELEMENT
AP   ADDED PHONE ELEMENT
AR   ADDED REMARK/CONFIDENTIAL REMARK ELEMENT
AS   ADDED ELEMENT CONTAINING STATUS CODE, EXCEPT SSR
AT   ADDED TICKETING ARRANGEMENT ELEMENT
CE   CHANGED INDIVIDUAL SECURITY ELEMENT
CF   CHANGED FARE ELEMENT
CM   CHANGED MAILING ADDRESS ELEMENT
CN   CHANGED NAME ELEMENT
CO   CHANGED OPTION ELEMENT
CP   CHANGED PHONE ELEMENT
CR   CHANGED REMARK ELEMENT
CS   CHANGED STATUS CODE
CT   CHANGED TICKETING ARRANGEMENT
DL   DELETED ELEMENT
NT   NAME TRANSMITTED, GROUPS ONLY
```

Abbildung 96: PNR History Codes A bis N

```
OA   ADDED OSI ELEMENT
OC   CHANGED OSI ELEMENT
ON   ORIGINAL NAME ELEMENT
OO   ORIGINAL OSI ELEMENT
OQ   ORIGINAL OPTION ELEMENT
OR   ORIGINAL SSR ELEMENT
OS   ORIGINAL SEGMENT
OX   CANCELLED OSI ELEMENT
QA   AUTOMATIC QUEUE UPDATE
QU   MANUAL QUEUE UPDATE
RF   RECEIVED FROM
RP   CHANGED RESPONSIBILITY
SA   ADDED SSR ELEMENT
SP   SPLIT PARTY
SX   CANCELLED SSR ELEMENT
TC   TIME CHANGE
XE   CANCELLED INDIVIDUAL PNR SECURITY ELEMENT
XF   CANCELLED FARE ELEMENT
XM   CANCELLED MAILING ADDRESS ELEMENT
XN   CANCELLED NAME ELEMENT
XO   CANCELLED OPTION ELEMENT
XP   CANCELLED PHONE ELEMENT
XR   CANCELLED REMARK/CONFIDENTIAL REMARK ELEMENT
XS   CANCELLED ELEMENT CONTAINING STATUS CODE, EXCEPT SSR
XT   CANCELLED TICKETING ARRANGEMENT ELEMENT
```

Abbildung 97: PNR History Codes O bis Z

13.4 Abfrage des Past Date Records (archivierter PNR)

Past Date Records sind PNRs, die aus dem Online System entfernt wurden und von Amadeus für einen Zeitraum von 5 Jahren (bezogen auf das Datum des letzten Segments im PNR) archiviert werden. Die Funktion heißt *PNR Recall*.

13.4.1 Funktionen der Abfrage

Sie haben die Möglichkeit, *online* oder *offline* nach dem archivierten PNR zu suchen, indem Sie Suchkriterien definieren.

RPP: Recall Purged PNR interactively (Online-Suche; eingeschränkte Suchkriterien)	Ihre Abfrage wird sofort verarbeitet. Das Ergebnis wird innerhalb weniger Sekunden standardmäßig am Bildschirm angezeigt. Mit der Folgetransaktion RPP/RH rufen Sie die zugehörige History auf. *Hinweis:* Definieren Sie in Ihrer Abfrage, dass der gesuchte PNR in die Queue gestellt werden soll, so erscheint der PNR (etwas zeitverzögert) mit der zugehörigen History in der Queue 96.	*Online-Suche*
RPD: Recall Purged PNR in deferred Mode (Offline-Suche; erweiterte Suchkriterien möglich)	Ihre Abfrage wird verzögert, innerhalb von 24 bis 48 Stunden, bearbeitet. Der Status für den gesuchten PNR ist in der Office Request List (RLD) ablesbar. *Hinweis:* Definieren Sie in Ihrer Abfrage, dass der gesuchte PNR in die Queue gestellt werden soll, so erscheint der PNR mit der zugehörigen History in der Queue 96.	*Offline-Suche*

Nachfolgend die wichtigsten Eingaben; weitere Formate erhalten Sie unter: HE PNR RECALL.   *Eingabebeispiele*

RPP/AF7708/16DEC04	Recall Online mit Angabe des Flugsegments	*Online-Suche*
RPP/RLC-ABC123/ 16DEC04	mit Angabe des Record Locator	
RPP/TKT-123456789	Mit Angabe der Ticketnummer (max. 13 Zeichen)	

	RPP/FFN-LH123456789/ LH400/04DEC04*Q	Mit Angabe der Frequent Flyer-Nummer und Flugsegment. Der PNR mit der zugehörigen History soll in die Queue platziert werden (Standard: Queue 96). *Hinweis:* Ist die Q96 nicht aktiv, dann erfolgt die Platzierung in der Q97C0.
Offline-Suche	RPD/LH/01DEC04- 02DEC04	Recall Offline mit Angabe der Airline und Zeitraum
	RPD/AF7708/16DEC04	mit Angabe des Flugsegments
	RPD/RLC-ABC123/ 16DEC04	mit Angabe des Record Locator
	RPD/TKT-123456789	Mit Angabe der Ticketnummer (max. 13 Zeichen)
	RPD/FFN-LH123456789/ LH400/04DEC04*Q	Mit Angabe der Frequent Flyer-Nummer und Flugsegment. Der PNR mit der zugehörigen History soll in die Queue platziert werden (Standard: Queue 96). *Hinweis:* Ist die Q96 nicht aktiv, dann erfolgt die Platzierung in der Q97C0.

Wichtige Hinweise Als PNR Recall Access Level sind z.Zt. standardmäßig im Office Profile die Indikatoren »I« und »D« (Interactive und Deferred) eingestellt, d.h. Online- und Offline-Abfrage sind möglich.

Bitte beachten Sie:

Seit 01.Februar 2005 können mit der Funktion »REP« nur noch Purged PNRs aus der Zeit *vor April 2004* aufgerufen werden. Nähere Informationen zu dieser Funktion erhalten Sie unter: HE REP (Retrieve Purged PNR; GP PUR).

13.4.2 Suchergebnis

Online-Suche Bei der *Online-Suche* wird der PNR standardmäßig am Bildschirm (Terminal) dargestellt. Findet das System mehrere PNRs, dann erhalten Sie eine Past Date Record-Liste (PDR List). Aus dieser rufen Sie den PNR auf.

PLD 3	Past Date PNR; Display aus der PDR-Liste, hier Laufnummer 3
RPP/RH	Abruf der PNR History für den dargestellten Past Date Record

Bei der *Offline-Suche* können Sie sich in der Office Request List (RLD)   *Offline-Suche*
jederzeit über den Status der Suche informieren.

RLD	Darstellung der Office Request List mit Anzeige des Status'

Erklärung der Stati: Online   Online-Suche
                       Pending   Anfrage wurde vorgenommen
                       In Process   Suche wird durchgeführt
                       Processed   Suche ist beendet

Nachfolgend erhalten Sie die wichtigsten Folgetransaktionen.   *Folgetransaktionen*

RLDT3	Darstellung aus der Office Request List (T=Terminalanzeige) für Past Date Record; hier mit Laufnummer 3
RPPQ	Platzierung des dargestellten PNRs in die Queue (Standard: Queue 96, Category 0)
RPPQ96C1	Platzierung des dargestellten PNRs in die Queue, hier Queue 96, Category 1
RLX/5,7	Cancel; Annullierung einer Suchanfrage (mit Status: pending)
RLX/8-10	Dto.
RLC/8,10	Clear; Entfernen von Vorgängen aus der Office Request List
RLC/11-13	Dto.

129

14 PNR Print

Sie haben mehrere Möglichkeiten, einen PNR bei Bedarf auszudrucken; entweder über die COPY-Funktion oder die Amadeus Funktion WRA.

Hard Copy Print Der am Bildschirm angezeigte PNR wird über die COPY-Taste oder das Symbol *Druck* seitenweise auf Blankopapier am Systemdrucker ausgedruckt.
Über diese konventionelle Weise können Sie jeden Text, der am Bildschirm angezeigt wird, ausdrucken.

WRA Print Funktion Mit den Transaktionen WRA (A = Print All) oder WRS (S = Print Screen) haben Sie die Möglichkeit, einen PNR komplett oder nur die erste Seite auf dem zugeordneten Printer auszudrucken.

Infos und Hilfen Informationen und Hilfen zu diesem Thema finden Sie unter:

HE PNR PRINT	Übersicht aller HELP Seiten zum Thema PNR Print
HE WRA	HELP Abfrage mittels Transaktion

PNR Beispiel

```
--- RLR ---
RP/FRAL12357/FRAL12357          TE/GS   23MAYxx/0844Z    YNMCP4
  1.MORGEN/LISA MRS
  2   LH 029 B 10JAN 6 HAMFRA HK1  1915 4  1955 2110    *1A/E*
  3   LH 778 B 10JAN 6 FRASIN HK1  2130 1  2210 1650+1 *1A/E*
  4   LH 779 B 18JAN 7 SINFRA HK1  2329 2  2359 0605+1 *1A/E*
  5   LH 004 B 19JAN 1 FRAHAM HK1  0645 1  0725 0830    *1A/E*
  6   AP 040-90807055-H
  7   TK TL26MAY/FRAL12357
  8   AM AN DER ALSTER 12 20355 HAMBURG
```

Abbildung 98: PNR, geöffnet für den PNR Print

Eingabe

WRA/RT	PNR Print (A = All); Druck des abgefragten PNRs auf dem zugeordneten Printer

Wurde die Eingabe abgeschickt, erhalten Sie am Bildschirm die Meldung: ZUM AUSDRUCK AN DAS SYSTEM GESENDET. Der Drucker fordert Blankopapier an und der komplette PNR wird ausgedruckt.

Erklärung

WRA/RTABCDEF	Druck des PNRs für den angegebenen Record Locator (ABCDEF)
WRA/RH	Druck der PNR History für den geöffneten PNR
WRA/QU	Druck einer Queue Message nach Queue Start
WRS/RT	PNR Print (S = Screen); Druck des PNRs, aber nur die 1. Bildschirmseite
WRS/RTABCDEF	Druck des PNRs für den angegebenen Record Locator (ABCDEF), aber nur die 1. Bildschirmseite

Weitere Eingaben

15 Group Reservation (Reservierung von Gruppen)

Als Gruppe bezeichnet man eine gemeinsam durchgeführte Reise mit 10 oder mehr Personen. In Amadeus werden je Group PNR maximal 99 Passagiere akzeptiert. Besteht die Gruppe aus mehr als 99 Personen, dann ist ein zweiter Group PNR zu erstellen.

Wichtiger Hinweis

Bevor Sie eine Gruppenbuchung anfordern, müssen Sie klären, ob die Airline die Buchung über Amadeus erlaubt oder ob die Buchung per Telefon oder Fax bei der Airline vorgenommen werden muss.

Airline Information

Bitte informieren Sie sich über die AIS Information GGAIRXX (XX=Airline Code), wie die Bestimmungen der jeweiligen Airline sind. Die Informationen zur Gruppenreservierung finden Sie meist unter den Stichwörtern: GROUPS oder RESERVATION. An dieser Stelle erhalten Sie auch i.d.R. die Information zum Telefon/Fax-Kontakt, falls die Gruppenanforderung nur per Telefon oder Fax vorgenommen werden kann.

Über die folgenden Wege kann eine Gruppe gebucht und verkauft werden:

Gruppenbuchung über Amadeus

Die komplette Gruppenbuchung (siehe Kapitel 15.1 bis 15.7) und das Ticketing werden in Amadeus vorgenommen.

Gruppenbuchung durch die Airline in Amadeus

Die Anforderung der Gruppe erfolgt per Telefon oder Fax bei der Airline. Die Fluggesellschaft bucht die Gruppe in Amadeus und überspielt den Group PNR an das buchende Büro. Dieses kann den PNR dann weiter bearbeiten und die Tickets ausstellen.

Gruppenbuchung durch die Airline im eigenen System

Die Anforderung der Gruppe erfolgt per Telefon oder Fax bei der Airline. Die Fluggesellschaft bucht die Gruppe in ihrem eigenen Reservierungssystem; ein Überspielen des Group PNRs an das buchende Amadeus Office ist daher *nicht* möglich. Die Bestätigung der Gruppenreservierung erfolgt per Fax an den Agenten. Die Ausstellung der Flugscheine wird im »Amadeus Temporary Ticket Mode (TY)« vorgenommen.

Informationen und Hilfen zu diesem Thema finden Sie unter:

Infos und Hilfen

HE GROUPS	Übersicht aller HELP Seiten zum Thema Groups
HE NG	HELP Abfrage mittels Transaktion, hier: Name Group

15.1 Erstellung des Group PNRs

Eine Gruppenreservierung ist stets auf Anfrage. Die Bestätigung und alle Mitteilungen zu einer Gruppe gelangen in die Queue 87 (GRPS) Ihres Büros.

Als Basis wird der Buchungsprozess des Single PNRs vorausgesetzt (siehe Kapitel 1 bis 14), da der PNR für Gruppen Ähnlichkeiten zum Single PNR aufweist (Pflichtelemente, Optionale Elemente, PNR Bearbeitung etc.). Die geringfügigen *Abweichungen* werden in den folgenden Kapiteln ausführlich beschrieben und erklärt.

Voraussetzung

Die in den Kapiteln 15.1 bis 15.6 gewählte Airline LX (Swiss) dient der Demonstration, da diese Airline z.Z. die *komplette* Gruppenreservierung in Amadeus zulässt.

Hinweis

15.1.1 Segment Sell Group

Mit der Transaktion SS und Angabe des Codes SG (Segment Sell Group) wird die Gruppenbuchung aus dem Availability oder Schedule Display (AN/SN) vorgenommen.

```
AN10NOVFRAZRH/ALX
** AMADEUS AVAILABILITY - AN ** ZRH ZURICH.CH          171 MO 10NOV 0000
 1   LX1081  J9 C9 D9 Y9 S9 M9 L9  FRA 2 ZRH M  0700   0805  E0/AR1      1:05
             H9 N9 K9 B9 V9
 2   LX1071  J9 C9 D9 Y9 S9 M9 L9  FRA 2 ZRH M  1010   1115  E0/319      1:05
             H9 N9 K9 B9 V9
 3   LX1073  J9 C9 D9 Y9 S9 M9 L9  FRA 2 ZRH M  1410   1510  E0/319      1:00
             H9 N9 K9 B9 V9
```

Availability Display (Auszug)

Abbildung 99: Availability Frankfurt-Zürich

Sie möchten 12 Passagiere auf dem Flug LX1071 in der Economy Class (Y) anfordern.

SS 12Y2/SG	Short Sell für Gruppe mit 12 Passagieren (SG=Segment Sell Group)

Eingabe

Ausgabe

```
RP/FRAL12357/
   1  LX1071 Y 10NOV 1 FRAZRH NN12      2  1010 1115    319 E 0 R
   2  LX1076 Y 15NOV 6 ZRHFRA NN12      M  1800 1905    AR1 E 0 R
```

Abbildung 100: Ausgabe nach Segment Sell Group

Erklärung

Der Segment Sell wurde für den Hin- und Rückflug vorgenommen; die Buchung ist auf Anfrage (NN = Need).

Weitere Eingaben

SS 10Y1/SG*12/SG	Sell Group für 10 Passagiere aus dem Dual City Pair
SS LX963Y10NOVTXLZRH SG10	Long Sell für Gruppe

15.1.2 Name Group Element

Die gesamte Gruppe wird unter einem *gemeinsamen* Gruppennamen gebucht. Mit der Transaktion NG (Name of Group) wird der Gruppenname erstellt; er ist eine Pflichteingabe.

Eingabebeispiel

NG 12EINTRACHT TEAM	Name of Group; Namenselement für Gruppe

Ausgabe

```
RP/FRAL12357/
0. 12EINTRACHT TEAM  NM: 0
   1  LX1071 Y 10NOV 1 FRAZRH NN12      2  1010 1115    319 E 0 R
   2  LX1076 Y 15NOV 6 ZRHFRA NN12      M  1800 1905    AR1 E 0 R
```

Abbildung 101: PNR mit Name Group Element

Erklärung

Das Name Group Element erhält die Laufnummer 0 und steht immer unter der PNR Kopfzeile.

12	Anzahl der Nonames (12 Passagiere)
EINTRACHT TEAM	Gemeinsamer Name der Gruppe
NM: 0	Anzahl der individuellen Namen, hier: 0. Bei der Eingabe von individuellen Namen verringert sich die Anzahl der Nonames und erhöht sich die Anzahl nach der Kennung NM. Beide Zahlen ergeben in der Summe die Gesamtanzahl der gebuchten Plätze.

Die Änderung des Gruppennamens ist nur möglich *während* des PNR Aufbaus; sie erfolgt über die Laufnummer. Nach dem PNR Abschluss kann der Gruppenname nicht mehr geändert werden.

0/DFB TEAM	Änderung des Name Group Elements; nur während des PNR Aufbaus möglich.

15.1.3 Group Fare Element

Das Group Fare Element ist ein weiteres Pflichtelement und beinhaltet die Tarifgrundlage für die Gruppe. Es wird als SSR-Element erstellt und enthält den mit der Airline vereinbarten Gruppentarif.

SR GRPF LX-YGIT	Group Fare Element mit Angabe der Airline (LX) und Tarif
SR GRPF YY-YGIT	Group Fare Element für alle am Routing beteiligten Airlines (YY)

```
RP/FRAL12357/
0. 12EINTRACHT TEAM  NM: 0
   1  LX1071 Y 10NOV 1 FRAZRH NN12     2  1010 1115    319 E 0 R
   2  LX1076 Y 15NOV 6 ZRHFRA NN12     M  1800 1905    AR1 E 0 R
   3 AP 069-121618-B
   4 TK TL01NOV/FRAL12357
   5 SSR GRPF LX YGIT
>ET
BUCHUNG ABGESCHLOSSEN - YXVLHP
```

Abbildung 102: PNR mit Group Fare Element

In dem PNR wurde das Group Fare Element mit der Laufnummer 5 einsortiert, die restlichen PNR Pflichtelemente wurden erstellt (AP und TK; analog Single PNR) und der PNR abgeschlossen. Bei Abschluss des PNRs wird die Gruppenanforderung an die Airline geschickt.

15.1.4 Group Service Element

Im Group Service Element wird die Gesamtanzahl der Gruppe angegeben. Es wird als SSR-Element erstellt und ist nur notwendig, wenn für die Gruppe *mehrere PNRs* angelegt werden müssen.

Bei einem Non Homogeneous Group PNR (siehe Kapitel 15.4) oder bei einem Manuellen Split (siehe Kapitel 15.5) wird dieses Element *automatisch* erzeugt.

Eingabebeispiele	SR GRPS LX TCP20	Group Service Element; die gesamte Gruppe besteht aus 20 Passagieren (TCP=To Complete Party)
	SR GRPS YY TCP35	Group Service Element für alle am Routing beteiligten Airlines (YY)

15.2 Modifikation und Bearbeitung des Group PNRs

Nachfolgend werden alle Funktionen aufgeführt, die für die Bearbeitung eines Group PNRs zur Verfügung stehen.

Bevor Sie den PNR bearbeiten können, ist dieser aus dem Amadeus Central System aufzurufen. Das Retrieval (RT) kann über den Gruppennamen, den individuellen Namen – wenn bereits eingegeben – oder den Record Locator erfolgen. Die Eingaben entsprechen denen des Single PNRs (siehe Kapitel 3).

15.2.1 Eingabe und Darstellung der individuellen Namen

Mit der Transaktion NM (Name Element) werden die individuellen Namen im Group PNR eingegeben. Die Eingaben entsprechen denen des Single PNRs (siehe Kapitel 2.2).

Die Namen können entweder bei der Erstellung des PNRs oder nach und nach zu unterschiedlichen Zeitpunkten zugefügt werden, spätestens jedoch *30 Tage* vor Abflug. An diesem Datum läuft der PNR in der Queue 87, Category 7 (Review) auf und Sie werden durch das System daran erinnert, die Namen einzugeben.

Airline Frist Die Frist für die Meldung der individuellen Namen kann von der Airline auch *früher* gesetzt werden. Damit sind Sie verpflichtet, die Namen zu *diesem Zeitpunkt* zu melden (weitere Informationen siehe Name Transmission im Kapitel 15.3).

Bitte beachten Sie: Werden die Namen nicht zu der gesetzten Frist eingegeben, so ist die Airline berechtigt, die Plätze anderweitig zu vergeben.

Eingabebeispiel NM 2ROT/HANS MR/PIA MRS 2WEISS/ NILS MR/TINA MRS	Eingabe der individuellen Namen

```
RP/FRAL12357/FRAL12357          TE/GS  26MAYxx/1026Z    YXVLHP
0.  8EINTRACHT TEAM  NM: 4
  5  LX1071 Y 10NOV 1 FRAZRH HK12      2  1010 1115      E*
  6  LX1076 Y 15NOV 6 ZRHFRA HK12      M  1800 1905      E*
  7 AP 069-121618-B
  8 TK TL01NOV/FRAL12357
  9 SSR GRPF LX YGIT
```

Ausgabe

Abbildung 103: Group PNR nach Eingabe individueller Namen

Die Anzahl der Nonames hat sich von 12 auf 8 reduziert und die Anzahl der individuellen Namen von 0 auf 4 erhöht. Die Passagiernamen werden der Übersichtlichkeit wegen aber nur zahlenmäßig angezeigt (NM: 4). *Erklärung*

Mit der Transaktion RTN (Retrieve Name) oder RTW können Sie sich die Passagiernamen darstellen lassen.

RTN	Retrieve Name; Darstellung der individuellen Namen	*Eingaben*
RTW	Aufruf aller Daten des Group PNRs inklusive der Namen	

```
RP/FRAL12357/FRAL12357          TE/GS  26MAYxx/1026Z    YXVLHP
0.  8EINTRACHT TEAM  NM: 4
BKD:12              CNL: 0              SPL: 0
 1.ROTH/HANS MR   2.ROTH/PIA MRS   3.WEISS/NILS MR
 4.WEISS/TINA MRS
```

Ausgabe

Abbildung 104: Group PNR mit Darstellung der individuellen Namen nach RTN

Es wird eine alphabetische Auflistung der eingegebenen Namen angezeigt: *Erklärung*

1. Zeile:	RP/FRAL123...	PNR Kopfzeile analog Single PNR (siehe Kapitel 3.1)
2. Zeile:	0. 8EINTRACHT...	Group Name Element mit Laufnummer (0), Anzahl der Nonames (8), Gruppenname und Anzahl der individuellen Namen (4)
3. Zeile:	BKD:12	Booked; Anzahl der gebuchten Plätze
	CNL: 0	Cancelled; Anzahl der stornierten Plätze
	SPL: 0	Split; Anzahl der über den manuellen Split abgetrennten Plätze
Ab 4. Zeile:	Individuelle Namen in alphabetischer Reihenfolge	

Hinweis   Mit der Eingabe RT gelangen Sie zurück zur Gesamtansicht des Group PNRs.

15.2.2 Änderung der Namen

Wurden die Namen im Group PNR eingegeben, stehen Ihnen die gleichen Funktionen für die Namensänderung zur Verfügung wie beim Single PNR (siehe Kapitel 5.3).

Name Update   Namenskorrektur mit Transaktion NU

Name Change   Namensänderung über die Laufnummer

Wichtiger Hinweis   Bitte beachten Sie: Es kommen die *gleichen Restriktionen* zur Anwendung, wie im Kapitel 5.3 beschrieben.

15.2.3 Special Service Request für Gruppenpassagiere (SSR)

Die Anforderung von speziellen Service-Leistungen (SSR) für einzelne Passagiere eines Group PNRs erfolgt mit den gleichen Eingaben wie beim Single PNR (siehe Kapitel 4.8).

Bedingung für die Anforderung ist, dass der individuelle Name im Group PNR enthalten ist und somit die Leistung für den Passagier unter Benennung der Passagierzuordnung vorgenommen werden kann.

15.2.4 Stornierungen

In einem Group PNR gibt es folgende Stornierungsmöglichkeiten:

* Stornierung eines Namens, aber Platzerhalt (Gruppengröße bleibt erhalten)
* Stornierung eines Namens oder Noname (Gruppengröße wird reduziert)
* Total Storno der Gruppe (siehe Single PNR, Kapitel 5.6.2)

Stornierung eines Namens mit Platzerhalt   Mit der Laufnummer und Transaktion G löschen Sie einen individuellen Namen, aber erhalten den Platz als Noname. Die Gesamtgröße der Gruppe bleibt dadurch erhalten.

138

```
RP/FRAL12357/FRAL12357          TE/GS  26MAYxx/1026Z   YXVLHP
0.  8EINTRACHT TEAM  NM: 4
BKD:12              CNL: 0              SPL: 0
 1.ROTH/HANS MR   2.ROTH/PIA MRS   3.WEISS/NILS MR
 4.WEISS/TINA MRS
```

Abbildung 105: Group PNR mit Darstellung der individuellen Namen nach RTN

4G	Name mit Laufnummer 4 löschen; Erhalt des Platzes als Noname
1-3/6G	Namen mit den Laufnummern 1 bis 3 und 6 löschen; Erhalt der Plätze als Noname

```
RP/FRAL12357/FRAL12357          TE/GS  26MAYxx/1424Z   YXVLHP
0.  9EINTRACHT TEAM  NM: 3
 4  LX1071 Y 10NOV 1 FRAZRH HK12      2  1010 1115      E*
 5  LX1076 Y 15NOV 6 ZRHFRA HK12      M  1800 1905      E*
 6 AP 069-121618-B
 7 TK TL01NOV/FRAL12357
 8 SSR GRPF LX YGIT
```

Abbildung 106: Group PNR nach Löschen eines Namens, aber Platzerhalt

Im Namenselement der Gruppe haben sich die Nonames von 8 auf 9 erhöht und die individuellen Namen von 4 auf 3 reduziert. Die Gesamtanzahl der Plätze (12) bleibt erhalten.

Mit der Transaktion XE (Cancel Element) werden individuelle Namen oder Nonames gestrichen. Die Gruppengröße wird dadurch reduziert.
   Beinhaltet die Buchung sowohl bestätigte Plätze als auch Wartelisten, werden zuerst die Plätze der Warteliste storniert.

```
RP/FRAL12357/FRAL12357          TE/GS  26MAYxx/1424Z   YXVLHP
0.  9EINTRACHT TEAM  NM: 3
 4  LX1071 Y 10NOV 1 FRAZRH HK12      2  1010 1115      E*
 5  LX1076 Y 15NOV 6 ZRHFRA HK12      M  1800 1905      E*
 6 AP 069-121618-B
 7 TK TL01NOV/FRAL12357
 8 SSR GRPF LX YGIT
```

Abbildung 107: Geöffneter Group PNR

XE0.2	Stornierung von 2 Nonames
XE3-4,7	Stornierung der Passagiere mit den Laufnummern 3 bis 4 und 7

Ausgabe

```
RP/FRAL12357/FRAL12357              TE/GS  26MAYxx/1456Z    YXVLHP
0.  7EINTRACHT TEAM  NM: 3
    4 LX1071 Y 10NOV 1 FRAZRH HK10      2  1010 1115        E*
    5 LX1076 Y 15NOV 6 ZRHFRA HK10      M  1800 1905        E*
    6 AP 069-121618-B
    7 TK TL01NOV/FRAL12357
    8 SSR GRPF LX YGIT
```

Abbildung 108: Group PNR nach Storno zweier Nonames

Erklärung

Im Namenselement der Gruppe wurden 2 Nonames storniert. Dadurch reduziert sich die Anzahl der Nonames von 9 auf 7 und die Gesamtanzahl der Plätze von ehemals 12 auf 10.

15.3 Name Transmission

Die Übermittlung der in einem Gruppen-PNR enthaltenen Passagiernamen wird durch das System wie folgt automatisch vorgenommen:

Amadeus System User Airline	Bei Eingabe der Passagiernamen und Abschluss des PNRs erhalten diese Airlines *sofort* eine Meldung der Namen.
Non Amadeus System User Airline	30 Tage vor Abflug, bezogen auf das erste Flugsegment im PNR, erhalten diese Airlines eine automatische Meldung der im Gruppen-PNR eingegebenen Namen.

Frühere Namensfrist

Verlangt eine Airline die Namensübermittlung bereits zu einem *früheren* Termin als 30 Tage vor Abflug, dann erhalten Sie von der Airline eine Aufforderung, formuliert als SSR-Element in Ihrer Queue 87, Category 6; zum Beispiel:

SSR GRPS NTBA BY 15APR	NTBA BY = Names to be advised by; Namen sind zu melden bis (hier 15. April)

Bitte setzen Sie sich im PNR eine Option zur Einhaltung dieser Frist (z.B: OP 14APR/NTBA), da Sie von Seiten der Airline keine weitere Aufforderung über Ihre Queue erhalten. Die Airline ist bei Nichteinhaltung dieser Frist berechtigt, die Plätze zu stornieren bzw. weiterzuverkaufen.

Mit der Transaktion NT (Name Transmission) nehmen Sie die *manuelle* Namensübermittlung vor, wenn die Airline einen früheren Termin als 30 Tage vor Abflug verlangt. Diese Transaktion kann nicht kombiniert werden mit weiteren Transaktionen im PNR.

Manuelle Name Transmission

NT	Name Transmission; manuelle Namensübermittlung an alle im PNR enthaltenen Non Amadeus System User Airlines
NT AA,DL	Aktivierung der Namensübermittlung an spezifizierte Airlines

Eingabebeispiele

Die Namensübermittlung wird vorgenommen und der PNR abgeschlossen. Der somit gesetzte NT-Indikator, abgespeichert in der PNR History, kann nicht gelöscht werden. Folglich werden alle ab diesem Zeitpunkt vorgenommenen Namensänderungen oder -streichungen an die Airline sofort weitergeleitet.

Erklärung

Bitte beachten Sie: Namensänderungen unterliegen den gleichen Restriktionen, wie im Kapitel 5.3 beschrieben.

Wichtiger Hinweis

15.4 Non Homogeneous Group PNR

Bei einem Gruppen-PNR tritt weit häufiger als beim Single PNR die Situation des Non Homogeneous PNRs auf, da bei höherer Passagieranzahl die Wahrscheinlichkeit unterschiedlicher Reiserouten bzw. -daten größer ist.

Der *generelle* Aufbau eines Non Homogeneous Group PNRs mit automatischem Split beim PNR Abschluss entspricht dem des Single PNRs (siehe Kapitel 6).

Enthält der PNR noch keine individuellen Namen, so ist es für die Passagierzuordnung der Flugsegmente notwendig, so genannte »Noname Items for Passenger Association« (NP) zu erstellen. Diese Noname Items werden bei der Passagierzuordnung wie Namenselemente behandelt.

Ausnahme

Sie sind dabei, den folgenden Gruppen-PNR zu erstellen:

PNR Beispiel

```
                  ***   NHP   ***
RP/FRAL12357/
0. 15DFB TOUR  NM: 0
   1  LX1101 Y 10DEC 3 MUCZRH NN15     1  0810 0915   S20 E 0 R
   2  LX1110 Y 15DEC 1 ZRHMUC NN12     M  1855 1950   S20 E 0 R
   3  LX1108 Y 17DEC 3 ZRHMUC NN3      M  1550 1650   S20 E 0 R
   4 AP 089-14161820-B
   5 TK TL10NOV/FRAL12357
   6 SR GRPF LX YGIT
```

Abbildung 109: NHP Group PNR wird erstellt

Erklärung Der Hinflug erfolgt gemeinsam am 10. Dezember (15 Personen), aber der Rückflug getrennt; der erste Teil der Gruppe am 15. Dezember (12 Personen) und der zweite Teil der Gruppe am 17. Dezember (3 Personen).

Um die notwendige Passagierzuordnung vornehmen zu können, sind zuerst die Noname Items zu erstellen (für 12 Nonames und 3 Nonames).

Eingabe

NP 12,3	Noname Item for Passenger Association; Aufbau zweier Noname Elemente – für 12 Nonames und 3 Nonames

Ausgabe

```
                    ***  NHP  ***
RP/FRAL12357/
0. 15DFB TOUR  NM: 0
   1.12NONAME   2.3NONAME
   3  LX1101 Y 10DEC 3 MUCZRH NN15     1  0810 0915   S20 E 0 R
   4  LX1110 Y 15DEC 1 ZRHMUC NN12     M  1855 1950   S20 E 0 R
   5  LX1108 Y 17DEC 3 ZRHMUC NN3      M  1550 1650   S20 E 0 R
   6 AP 089-14161820-B
   7 TK TL10NOV/FRAL12357
   8 SR GRPF LX YGIT
```

Abbildung 110: NHP Group PNR mit Noname Items

Erklärung Der Gruppen-PNR enthält nun die erstellten Noname Items mit den Laufnummern 1 (12 Nonames) und 2 (3 Nonames).

Hinweis Wurden die Noname Items nicht korrekt erstellt, so können diese mit der folgenden Eingabe gelöscht werden.

NP 0	Noname Items löschen

Passagier-zuordnung Danach wird die Passagierzuordnung vorgenommen. Es gilt die gleiche Vorgehensweise wie beim Single PNR (siehe Kapitel 6).

Eingaben

4/P1	Flugsegment 4 mit Passagierzuordnung (12 Nonames)
5/P2	Flugsegment 5 mit Passagierzuordnung (3 Nonames)

```
                    ***  NHP  ***
RP/FRAL12357/
0. 15DFB TOUR  NM: 0
  1.12NONAME    2.3NONAME
  3  LX1101 Y 10DEC 3 MUCZRH NN15      1  0810 0915    S20 E 0 R
  4  LX1110 Y 15DEC 1 ZRHMUC NN12      M  1855 1950    S20 E 0 R
     /P1
  5  LX1108 Y 17DEC 3 ZRHMUC NN3       M  1550 1650    S20 E 0 R
     /P2
  6 AP 089-14161820-B
  7 TK TL10NOV/FRAL12357
  8 SR GRPF LX YGIT
```

Abbildung 111: NHP Group PNR mit Passagierzuordnung

Der Gruppen-PNR enthält nun die Passagierzuordnung in den Flugsegmenten 4 und 5.

Sie schließen den PNR mit End Transaction (ET) ab. Es erfolgt der automatische Split und Sie erhalten die Darstellung des AXR Records (Associated Cross Reference Record).

```
  AXR FOR PNR:   BKD: 15  CNL:  0   HLD: 15 ***NHP***  27MAY 1714
  1.DFB TOUR    12/0  Y8P9Y7    2.DFB TOUR    3/0  Y8P9ZC
```

Abbildung 112: NHP Group PNR – Darstellung des AXR Records

1. Zeile:	AXR FOR PNR	Es wurde ein AXR Record für die nachfolgend genannten PNRs erzeugt.	
	BKD: 15	Booked; Anzahl der ursprünglich gebuchten Plätze	
	CNL: 0	Cancelled: Anzahl der stornierten Plätze	
	HLD: 15	Hold; Anzahl der momentan gehaltenen Plätze	
	NHP	Non Homogeneous PNR	
	27MAY 1714	Datum und Uhrzeit	
2. Zeile:	1.DFB TOUR...	Unter dem gemeinsamen Gruppennamen DFB TOUR existieren nun 2 Gruppen-PNRs, erkennbar an den unterschiedlichen Reclocs. Vor jedem Recloc wird die gebuchte Platzanzahl mit der Anzahl der bereits benannten Passagiernamen (hier: 0) angegeben.	
		1. PNR:	12 Nonames mit dem Recloc Y8P9Y7
		2. PNR:	3 Nonames mit dem Recloc Y8P9ZC

Weitere Hinweise   Alle Funktionen des AXR Records entsprechen denen des Single PNRs, wie sie im Kapitel 6.2 beschrieben sind. Die Noname Items werden im AXR nicht mehr aufgeführt, da sie nur für den Split-Vorgang von Bedeutung sind.

Nehmen Sie nach dem automatischen Split Änderungen oder Ergänzungen vor, so sind diese in dem *jeweiligen* PNR durchzuführen.

Durch den automatischen Split enthält jeder Gruppen-PNR ein SSR TCP-Element (TCP = To Complete Party). In diesem erfolgt ein Hinweis auf die Gesamtanzahl der Gruppe; zum Beispiel: SSR GRPS LX TCP 15 *DFB TOURS/S1 (für das Flugsegment 1 beträgt die Gesamtanzahl der Gruppe 15 Passagiere).

15.5 Manual Split Group PNR

Der Manuelle Split für einen Gruppen-PNR erfolgt analog dem Handling eines Single PNRs (siehe Kapitel 7). Eine Besonderheit liegt lediglich im Absplitten von *Nonames*.

PNR Beispiel
```
RP/FRAL12357/FRAL12357            TE/GS   28MAYxx/0952Z    ZC4UA7
0. 13BUNDESRAT  NM: 0
  1  LX 963 Y 10NOV 1 TXLZRH HK13         0710 0845        E*
  2  LX 972 Y 15NOV 6 ZRHTXL HK13     M  1750 1920         E*
  3 AP 030-15161718-B FRAU BECKER
  4 TK TL10OCT/FRAL12357
  5 SSR GRPF LX YGIT
```

Abbildung 113: Aufgerufener Gruppen-PNR

Der Besteller der Gruppe informiert Sie, dass der Rückflug für 4 Personen auf einen Tag später (16. November) umgebucht werden muss.

Dies ist nur möglich, indem 4 Nonames aus der Ursprungsbuchung herausgenommen werden und in einen separaten PNR überführt werden.

1. Schritt: Split für 4 Gruppenpassagiere (Nonames), die ihre Reiseroute ändern möchten.

Eingabe

SP 0.4	Split für 4 Nonames

```
-ASSOCIATE PNR-
RP/FRAL12357/FRAL12357          TE/GS   28MAYxx/0952Z    XXXXXX
0.  4BUNDESRAT  NM: 0
  1  LX 963 Y 10NOV 1 TXLZRH HK4          0710 0845        E*
  2  LX 972 Y 15NOV 6 ZRHTXL HK4      M   1750 1920        E*
  3 AP 030-15161718-B FRAU BECKER
  4 TK TL10OCT/FRAL12357
  5 SSR GRPF LX YGIT
  6 SSR GRPS YY TCP 13 BUNDESRAT
  * SP 28MAY/TEGS/FRAL12357-ZC4UA7
```

Ausgabe

Abbildung 114: Anzeige des Associate Group PNRs

Für die 4 abgesplitteten Gruppenpassagiere (Nonames) wurde ein separater PNR, der so genannte Associate PNR, angelegt und alle PNR Elemente kopiert.

Erklärung

Das SSR TCP-Element mit der Laufnummer 6 wurde automatisch erzeugt und weist auf die Gesamtanzahl der Gruppe hin.

In der letzten Zeile des PNRs erfolgt der Hinweis zum ausgeführten Split mit Verweis auf den Recloc des Ursprungs-PNR (Angaben analog Single PNR Kapitel 7).

Abschluss des »Associate PNRs« mit EF (End and File)

2. Schritt:

EF	End and File; Abschluss des Associate PNRs

Eingabe

```
-PARENT PNR-
RP/FRAL12357/FRAL12357          TE/GS   28MAYxx/0952Z    ZC4UA7
0.  9BUNDESRAT  NM: 0
  1  LX 963 Y 10NOV 1 TXLZRH HK9          0710 0845        E*
  2  LX 972 Y 15NOV 6 ZRHTXL HK9      M   1750 1920        E*
  3 AP 030-15161718-B FRAU BECKER
  4 TK TL10OCT/FRAL12357
  5 SSR GRPF LX YGIT
  6 SSR GRPS YY TCP 13 BUNDESRAT
  * SP 28MAY/TEGS/FRAL12357-ZDOKWW
```

Ausgabe

Abbildung 115: Anzeige des Parent PNRs

Der Associate PNR wurde abgeschlossen, der neue Recloc an die Airline übermittelt und gleichzeitig der Parent PNR (Ursprungs-PNR) angezeigt.

Erklärung

Das SSR TCP-Element mit der Laufnummer 6 wurde automatisch erzeugt und weist auf die Gesamtanzahl der Gruppe hin.

In der letzten Zeile des PNRs erfolgt der Hinweis zum ausgeführten

Split mit Verweis auf den Recloc des Associate PNRs (Angaben analog Single PNR Kapitel 7).

3. Schritt: Abschluss des »Parent PNRs« mit ET

Eingabe

ET	End Transaction; Abschluss des Parent PNRs

Ausgabe

```
-PARENT PNR-
RP/FRAL12357/FRAL12357          TE/GS  28MAYxx/0952Z   ZC4UA7
0.  9BUNDESRAT NM: 0
    1  LX 963 Y 10NOV 1 TXLZRH HK9          0710 0845      E*
    2  LX 972 Y 15NOV 6 ZRHTXL HK9      M   1750 1920      E*
    3 AP 030-15161718-B FRAU BECKER
    4 TK TL10OCT/FRAL12357
    5 SSR GRPF LX YGIT
    6 SSR GRPS YY TCP 13 BUNDESRAT
    * SP 28MAY/TEGS/FRAL12357-ZDOKWW
>ET
BUCHUNG ABGESCHLOSSEN - ZC4UA7 SP-ZDOKWW
```

Abbildung 116: Abschluss des Parent PNRs

Erklärung   Mit Abschluss des Parent PNRs ist der Split-Vorgang beendet. In der letzten Zeile der PNR-Kopie werden der Recloc des Parent PNRs (ZC4UA7) und des Associate PNRs (ZDOKWW) angezeigt.

Weiteres Vorgehen   Erst jetzt nach Beendigung des Split-Vorganges wird der abgesplittete PNR (in diesem Beispiel: Gruppen-PNR mit 4 Nonames) zur weiteren Bearbeitung aufgerufen und die Umbuchung des Rückfluges vorgenommen.

Die Transaktion SB ist für einen Gruppen-PNR nicht möglich. Für das konkrete Beispiel muss der Rückflug am 15. November mit XE storniert und der Rückflug für den 16. November neu angefordert werden (Buchung aus dem AN/SN Display mit SG).

Weitere Eingaben

SP 1-3	Split der Passagiere 1 bis 3 (individuelle Passagiernamen)
SP 0.3/1,2	Split für 3 Nonames und Passagiere mit den Laufnummern 1 und 2

Split bei Warteliste   Falls nicht alle Plätze einer Gruppenbuchung bestätigt sind, werden die Plätze der Warteliste automatisch in den Associate PNR übernommen.

Auch beim manuellen Split eines Gruppen-PNRs sind Ursprungs-PNR *AXR Record*
und alle abgesplitteten PNRs über den AXR Record verbunden. Zur Darstellung des AXR Records verfahren Sie, wie im Kapitel 6.2. beschrieben.

15.6 Group Seat Reservation

Mit der Transaktion STG (Seat Request Group) erfolgt die Sitzplatzanforderung für eine Gruppe. Bei der Standardanforderung werden die
ersten fünf Flugsegmente im Itinerary berücksichtigt. Existieren im
PNR mehr als fünf Flugsegmente, so ist die Eingabe zu wiederholen.

Die gebuchten Flüge müssen von der Airline bestätigt worden sein (Sta- *Voraussetzung*
tus HK je Flugsegment).

STG	Seat Request Group; Standardanforderung – Nichtraucherplätze für alle Passagiere der Gruppe

Eingabebeispiel

PNR Beispiel

```
--- AXR ---
RP/FRAL12357/FRAL12357          TE/GS   2JUNxx/0743Z    ZVTI39
0. 12DFB TOUR  NM: 0
  1  LX1101 Y 10DEC 3 MUCZRH HK12      1  0810 0915        E*
  2  LX1110 Y 15DEC 1 ZRHMUC HK12      M  1855 1950        E*
  3 AP 089-14161820-B
  4 TK TL10NOV/FRAL12357
  5 SSR GRPF LX YGIT
  6 SSR GPST LX NN12MUCZRH/12N/S1
  7 SSR GPST LX NN12ZRHMUC/12N/S2
  8 SSR GRPS LX TCP 15 *DFB TOUR/S1
  * SP 27MAY/TEGS/FRAL12357-NHP PROC
```

Abbildung 117: Gruppen-PNR mit Sitzplatzanforderung

Auf Grund der Eingabe wurden die SSR-Elemente mit dem AIRIMP Code *Erklärung*
GPST (Group Seat; Laufnummern 6 und 7) erzeugt. Bei Abschluss des
PNRs wird die Anforderung (NN12) für 12 Passagiere im Nichtraucher
(12N = 12 Non-Smoking-Seats) für den Hin- und Rückflug ausgelöst.

Wurden im Gruppen-PNR bereits individuelle Namen eingegeben, so *Weitere Hinweise*
können Sie für diese auch *individuelle Sitzplätze* anfordern (siehe Kapitel 10).

Bitte beachten Sie die folgenden Restriktionen:

* Für einen Gruppen-PNR mit Sitzplatzreservierung (GPST) kann kein manueller Split durchgeführt werden.
* Eine Reduzierung der Gruppe ist *nicht möglich*, wenn der Gruppen-PNR Sitzplätze für individuelle Passagiere oder SSR GPST-Elemente für einen Teil der Gruppe enthält.

Weitere Eingaben

STG/S	S = Smoking Seat; Raucherplätze für alle Passagiere
STG/S4-5	Mit Segmentzuordnung
STG/10N	N = Non-Smoking Seat; Anforderung von Plätzen, weniger als die Gesamtanzahl der Gruppe, hier: 10 Plätze im Nichtraucher
STG/10N2S/S5	10 Nichtraucher- und 2 Raucherplätze für Flugsegment 5
STG/R/30ABCDEF/31A-F/S3	Anforderung von bestimmten Reihen/Plätzen für die gesamte Gruppe für Flugsegment 3
STG/R10/27ABCDEF/28A-D/S4	Anforderung eines Kontingentes von 10 Plätzen mit Angabe der Reihen/Plätze für Flugsegment 4

15.7 Queue Bearbeitung für Gruppen

Für Gruppen-PNRs existiert eine spezielle Queue Art, die *Queue 87*. In diese gelangen *nur Gruppenvorgänge*, die entsprechend ihres Inhaltes bearbeitet werden müssen.

Voraussetzung für das Verstehen der Q87 ist die Kenntnis des gesamten Themas »Queue«, beschrieben und erklärt im Kapitel 12.

Queue Categories

Die Q87 ist entsprechend ihres Inhaltes in die folgenden Queue Categories unterteilt:

Cat. 0	STANDARD	Hier laufen alle Gruppen-Vorgänge auf, die keiner anderen Queue Category zugeordnet werden können.
Cat. 1	AIR	Rückmeldung zu Flügen
Cat. 2	HOTEL	Rückmeldung zu Hotels
Cat. 3	CAR	Rückmeldung zu Cars (Mietwagen)

Cat. 4	TOUR	Rückmeldung zu touristischen Leistungen (z.Z. keine Nutzung)
Cat. 5	GEN ORDER	Rückmeldung von anderen Anbietern (z.Z. keine Nutzung)
Cat. 6	SPCL SVC	Rückmeldung zu Special Service Request (SSR)
Cat. 7	REVIEW	Review – Names to be advised; Gruppen-PNR, für den die Eingabe der Namen vorzunehmen ist.
Cat. 8	KL	Bestätigung von der Warteliste
Cat. 9	ASC	Schedule Change Current; Zeitenänderung mit hoher Dringlichkeit
Cat.10	ASD	Schedule Change Deferred; Zeitenänderung
Cat.11	RP CHNG	Responsibility Office Change; PNRs mit Respo Change auf Ihre Office ID
Cat.12	OPTION	PNR mit gesetzter Option (Wiedervorlage)
Cat.14	OA CONTROL	PNRs, deren Queueing Office sich auf die Systemadresse einer Nicht-Amadeus Airline verändert hat.

Queue Bearbeitung

Die Queue Abfrage (QT), der Queue Start (QS) und die Queue Bearbeitung werden analog eines Single PNRs vorgenommen; siehe Ausführungen im gesamten Kapitel 12.

Eine Ausnahme bildet die Category 7 (Review). In dieser Category erscheint ein Gruppen-PNR 30 Tage vor Abflug, wenn bis zu dieser Frist noch keine Namen eingegeben wurden. Folge: Die Namenseingabe ist *fristgemäß* vorzunehmen. Verfahren Sie, wie im Kapitel 15.2.1 beschrieben (Eingabe und Darstellung der individuellen Namen).

Glossar

1A

Kennung für Amadeus; sie wird in einigen Amadeus Displays angezeigt und erscheint im Flugticket, wenn dieses über Amadeus ausgestellt wurde.

Active Queue

Anzeige im Work Area Status, wenn aktiv in der Queue gearbeitet wird

Access Art

Art des Verkaufsabkommens zwischen Amadeus und der jeweiligen Airline. Es wird zwischen Amadeus Access, Direct Access und Standard Access unterschieden.

Advice Code

Zustand einer Buchung auf Grund einer Rückmeldung seitens der Airline (KK, UN, UC etc.)

Agent Sign

Die letzten zwei Zeichen des 6-stelligen Signs

AIRIMP

IATA Dokumentation; sie regelt den standardisierten Teletype Verkehr in der Kommunikation zwischen den internationalen Airline-Reservierungssystemen bzw. Vertriebssystemen.

Airline

Fluggesellschaft

Airline Alliance

Zusammenschluss von mehreren Airlines zu einer Allianz (Bündnis)

Airline Code

2-stelliger IATA Code, der die Fluggesellschaft identifiziert.

Airline Prefix

3-stellige Airline-Nummer; sie erscheint im Ticket und auf Abrechnungen.

Airport Code

3-stelliger IATA Code, der den Flughafen identifiziert.

Airport Tax

Flughafensteuer

AIS

Amadeus Information System (siehe dort)

Allgemeines Sign

Von Amadeus vordefiniertes Sign (0001AA/ SU); es ist in jedem Buchungs- und Verkaufsbüro weltweit nutzbar.

a.m.

Englische Abkürzung für: ante meridiem (vormittags, bis 12.00 Uhr)

Amadeus Access

»Update and Sell« (volle Funktion)

Airlines werden im AN/SN Display mit dem Indikator »/« (Schrägstrich) gekennzeichnet. Über die bestehende Online Verbindung werden der Flugplan und die Verfügbarkeiten aktualisiert sowie die Reservierung durchgeführt. Der verkaufte Platz ist garantiert (LK-Status in der PNR History).

Folge:

Die Buchung wird aus dem AN/SN Display vorgenommen.

Amadeus Access

»Sell« Funktion

Airlines werden im AN/SN Display mit dem Indikator ».« (Punkt) gekennzeichnet. Über die bestehende Online Verbindung wird die Reservierung durchgeführt. Der verkaufte Platz ist garantiert (LK-Status in der PNR History).

Folge:

Die Buchung wird aus dem AN/SN Display vorgenommen. Flugplanänderungen und Verfügbarkeiten werden *nicht* über eine Online Verbindung aktualisiert und daher ist das Direct Access Display aktueller als das AN/SN Display. Um die aktuellsten Informationen zu erhalten, wechseln Sie in den Direct Access.

Amadeus Access

»Update« Funktion

Airlines werden im AN/SN Display mit dem Indikator »:« (Doppelpunkt) gekennzeichnet. Über die bestehende Online Verbindung werden der Flugplan und die Verfügbarkeiten aktualisiert. Es existiert *keine* Online Verbindung für die Reservierung!

Folge:

Die Buchung ist aus dem Direct Access vorzunehmen; nur so sind die gebuchten Plätze auch garantiert (LK-Status in der PNR History).

Amadeus AIR

Begriff für die neutrale Amadeus Flugdatenbank

Amadeus Airline

Airline, die Amadeus als Reservierungssystem benutzt

Amadeus Germany

Nationale Marketinggesellschaft von Amadeus für den deutschen Markt

Amadeus HELP

Englisch-sprachige Amadeus Online Hilfe zu allen Amadeus Funktionen

Amadeus Information System (AIS)

Informationsdatenbank, in der Amadeus, die verschiedenen Anbieter und die nationalen Marketinggesellschaften ihre Informationen einstellen und den Nutzern zugänglich machen.

Amadeus Office Identity

Amadeus Bürokennung (auch Office ID oder Office Code genannt)

Amadeus Office ID

Siehe Amadeus Office Identity

Amadeus Production

Amadeus Echtsystem

Amadeus Terminalnummer

Siehe LN IATA Nummer

Amadeus Training

Amadeus Trainingssystem

Amadeus Vista

Browserbasierte Oberfläche zur Buchung und Verkauf von Reiseleistungen

Anbieter

Siehe Provider

Arbeitsebene

Siehe Work Area

Area

Siehe Work Area

ARNK

Arrival not known (Ankunft nicht bekannt)

Associate PNR

Ist ein aus einem manuellen Split hervorgegangener, separater PNR

Availability

Flugverfügbarkeit für ein bestimmtes City Pair, Anzeige der buchbaren Flüge, Angebot an Plätzen (bzw. Warteliste) je Buchungsklasse

AXR

Siehe AXR Record

AXR Record

Associated Cross Reference Record (AXR); Überblick aller PNRs, die miteinander vernetzt sind

Beförderungsklasse

Siehe Serviceklasse

Broadcast Message

Rundschreiben

Buchungsgarantie

Siehe Garantierte Buchung

Buchungsklasse

Code der Klasse, mit dem die Reservierung vorgenommen wird (auch Reservierungsklasse genannt). Der Code richtet sich nach dem zu zahlenden Tarif. Die Buchungsklassen werden im AN/SN Display angezeigt.

Button

Schaltfläche

Carrier

Siehe Airline

Carrier Prefered Display

Siehe Marketing Display

Child

Kind (vom vollendeten 2. Lebensjahr bis einen Tag vor Vollendung des 12. Lebensjahres)

City Code

3-stelliger IATA Code, der die Stadt identifiziert

Code Share Flug
Gemeinschaftsflug im Rahmen von Airline Allianzen

Command Page
Modus zur Arbeit mit kryptischen Eingaben (Formateingaben)

Consolidator
Ticketgroßhändler

Corporate Code
2-stelliger Corporate Code, ist Bestandteil der Amadeus Office ID und identifiziert die Firma (Reisebüro, Reisebürokette oder Anbieter)

Corporate Qualifier
1-stelliger Corporate Qualifier Code, ist Bestandteil der Amadeus Office ID (2 = Reisebüro oder Reisebürokette)

Country Code
2-stelliger ISO-Ländercode

CRS
Computer Reservation System

Customer Profile
Kundenprofil

Datumswechsel
Anzeige im Availability/Schedule/Timetable Display, wenn der Flug die Datumsgrenze überschreitet

Direct Access
Airlines werden im AN/SN Display mit dem Indikator »*« (Sternchen) gekennzeichnet. Sie erhalten den aktuellen Flugplan und die Verfügbarkeiten bis zum letzten Platz nur aus dem Reservierungssystem der Airline.
Folge:
Die Buchung ist aus dem Direct Access vorzunehmen; nur so sind die gebuchten Plätze auch garantiert (LK-Status in der PNR History).

Direktflug
Flug (unter *einer* Flugnummer geführt), der vom Abgangsort bis zum Zielort eine oder mehrere planmäßige Zwischenlandungen vorsieht

Dual City Pair
Möglichkeit der gleichzeitigen Abfrage von zwei Strecken im AN/SN Display

Dual Queue
Queue Art, die Kategorien und Date Ranges enthält

Duty Code
2-stelliger Code (GS oder SU), der die Berechtigungsklasse (Art der Zugriffsberechtigung in Amadeus) identifiziert

Elektronisches Ticketing
Papierloses Ticket

Flight Information
Abfrage, in der für einen konkreten Flug die Informationen zu Flugverlauf, Abflugs- und Ankunftszeiten, Bordverpflegung, Konfiguration u.v.m angezeigt werden

Filekey
Siehe Record Locator

Flugzeugtyp
Zum Einsatz kommendes Fluggerät; es wird durch einen 3-stelligen Code identifiziert und erscheint in Flugplänen und Reservierungssystemen

Form of Payment
Zahlungsart

Frequent Flyer
Vielflieger

Frequent Traveller
Andere Bezeichnung für Frequent Flyer

Garantierte Buchung
Vorgenommene Buchung mit 100%iger Platzgarantie. Der Status LK ist nach Buchungsabschluss in der PNR History nachlesbar.

GDS
Global Travel Distribution System (siehe dort)

Global Travel Distribution System
Globales Reisevertriebssystem (z.B. Amadeus)

GMT
Greenwich Mean Time (Null-Meridian)

Ground Time
Aufenthaltszeit eines Flugzeuges am Boden bei Zwischenlandungen

Group PNR
PNR ab 10 Passagiere

GS
Duty Code; General Sales Agent

HELP
Siehe Amadeus HELP

History Element Code
2-stelliger History Code, der es erlaubt, die PNR History logisch zu interpretieren

IATA
International Air Transportation Association; Dachverband von Unternehmen des gewerblichen, internationalen Linienluftverkehrs

IATA Code
Durch die IATA definierter Code (z.B. 3-Letter City/Airport Code)

IATA Konferenzgebiet
Tarif Konferenzgebiet; Einteilung der Welt in die Tarifgebiete: TC1, TC2, TC3

Icon
Symbol

Incentive
Finanzieller Anreiz (Bonus) beim Verkauf von Reiseleistungen über Amadeus

Infant
Kleinkind (bis einen Tag vor Vollendung des 2. Lebensjahres)

Interline Connection
Flug-Umsteigeverbindung mit Airline-Wechsel

ISO
International Standardization Organisation: Abteilung der Vereinten Nationen, die für die Standardisierung technischer Normen zuständig ist. Die zugehörige Luftfahrtabteilung mit Sitz in Genf legt die Kodierungen für Währungen, Länder, Bundesstaaten etc. fest.

Kind
Siehe Child

Kleinkind
Siehe Infant

Language Preference
Sprachpräferenz; Möglichkeit der Spracheinstellung in Amadeus

Last Seat Availability
Durch den ständigen Austausch von Verfügbarkeitsmeldungen zwischen dem jeweiligen Airline-Rechner und Amadeus erfolgt die Anzeige im AN/SN Display bis zum letzten Platz. Airlines, die diese Funktion unterstützen, werden im AN/SN Display mit einem Schrägstrich vor dem Abflugsort gekennzeichnet.

Link Down
Kurzzeitige Unterbrechung der Echtzeitverbindung

LK-Garantiestatus
Siehe Garantierte Buchung

LK-Status
Siehe Garantierte Buchung

LN IATA Nummer
8-stellige Amadeus Terminalnummer; sie erscheint bei der Abfrage des Work Area Status (JD) und identifiziert den jeweiligen PC in Amadeus.

Local Security Administrator (LSA)
Person, die innerhalb des Büros für das Einrichten der Security zuständig ist. Dies ist i.d.R. der Büroleiter oder ein von ihm benannter Mitarbeiter, der sich mit administrativen Aufgaben befasst.

Local Tax
Lokale Steuer (die oft vor Ort erhoben wird)

Local Time
Ortszeit

LSA
Local Security Administrator (siehe dort)

Marketing Display
Anzeige der Flüge im AN/SN Display entsprechend der Marketingstrategie der jeweiligen Airline, wenn diese Funktion durch die Airline unterstützt wird.

Maximalaufenthalt
Tarife: Festlegung des maximalen Aufenthaltszeitraumes für einen Tarif

MCT
Minimum Connecting Time (siehe dort)

Mindestaufenthalt
Tarife: Festlegung des minimalen Aufenthaltszeitraumes für einen Tarif

Mindestübergangszeit
Siehe Minimum Connecting Time

Minimum Connecting Time
Mindestübergangszeit zwischen zwei Flugverbindungen (am gleichen Flughafen oder bei Wechsel des Flughafens)

Minors
Englische Bezeichnung für »Gruppe der Minderjährigen«

Name Change Controller (NCC)
Amadeus Funktion, die es Airlines erlaubt, Namensänderungen einzuschränken oder zu unterbinden

Name Transmission
Bezeichnung der Funktion für die Namensübermittlung bei einem Gruppen-PNR

National Marketing Company (NMC)
Nationale Marketing Gesellschaft: Sie übernimmt den Vertrieb von Amadeus in dem jeweiligen nationalen Markt.

NHP
Non Homogeneous PNR (siehe dort)

NMC
National Marketing Company (siehe dort)

Non-Amadeus Airline
Airline, die Amadeus nicht als Reservierungssystem benutzt (eigenes System oder anderes Reisevertriebssystem)

Noname
Bezeichnung von Passagieren im Gruppen-PNR, für die noch keine individuellen Namen eingegeben wurden

Noname Item
Noname Element beim Non Homogeneous Group PNR, das für die Passagierzuordnung notwendig ist

Non Homogeneous PNR (NHP)
Dieser entsteht, wenn beim PNR Aufbau die Anzahl der gebuchten Plätze nicht identisch ist mit der Anzahl der eingegebenen Namen oder nicht alle Flugsegmente die gleiche Platzanzahl aufweisen.

Non-Participating Airline
Siehe Non-Participating Carrier

Non-Participating Carrier
Airline, die nicht über Amadeus buchbar und verkaufbar ist

Non-Stop Flug
Flug, der vom Abgangsort bis zum Zielort ohne Zwischenlandung verkehrt

No-Show Passagier
Passagier, der gebucht ist, aber nicht zum Abflug erscheint

NTBA BY
Names to be advised by/Namen sind zu melden bis

Office Code
Siehe Amadeus Office Identity

Office Profile
Für jede in Amadeus freigeschaltete Office ID existiert ein Office Profile (PV), in dem wichtige Informationen des Büros gespeichert sind und diverse Office Funktionen eingerichtet und kontrolliert werden.

Online Connection
Flug-Umsteigeverbindung mit ein und derselben Airline

Option
Möglichkeit, durch gezielte Eingaben näher auf die Wünsche des Kunden einzugehen

Other Service Information (OSI)
PNR Element zur Übermittlung von passagierbezogenen Informationen an die Airline

Parent PNR
Ursprungs-PNR beim manuellen Split

Participating Airline
Siehe Participating Carrier

Participating Carrier
Über Amadeus buchbare und verkaufbare Fluggesellschaft

Passagiertyp
Siehe Passenger Type

Passenger Type
Bezeichnung für die Art des Passagieres (z.B. CHD = Child, INF = Infant etc.)

Past Date Record
Ein in Amadeus archivierter PNR

Persönliches Sign

Durch das jeweilige Büro eingerichtetes Sign, das personengebunden ist.

p.m.

Englische Abkürzung für: post meridiem (nachmittags, nach 12.00 Uhr)

PNR

Passenger Name Record; Passagier-Datensatz, der alle Informationen zum Passagier und seiner Buchung enthält.

PNR Itinerary

Reiseverlauf im PNR

PNR History

Mit Erstellung eines Passenger Name Records (PNR) werden im Hintergrund History Daten erzeugt. Diese geben Aufschluss darüber, was an der Buchung zu welchem Zeitpunkt und durch wen vorgenommen wurde. Die PNR History ist vor allem dann wichtig und wird zu Rate gezogen, wenn vom Kunden Regressansprüche gestellt werden.

Practice Training

Siehe Amadeus Training

Prepaid Ticket Advice (PTA)

Verfahren zur Flugscheinhinterlegung

PRD

Production; siehe Amadeus Production

Provider

Englische Bezeichnung für Anbieter (Airlines, Hotelgesellschaften, Mietwagengesellschaften u.a.)

PTA

Prepaid Ticket Advice (siehe dort)

Queue

Speicher für Rückmeldungen zu den in Amadeus angelegten Buchungen; wichtiges Kommunikationsmittel zwischen den Nutzern des Systems (z.B. Reisebüros) und den Anbietern (z.B. Airlines)

Queue Category

Unterteilung einer Queue Art, die zur besseren Strukturierung und Übersicht der Inhalte dient

Queue Date Range

Eine Queue Art oder Category kann Date Ranges enthalten. Auflaufende Buchungen werden dadurch automatisch nach zeitlicher Dringlichkeit sortiert.

Queue Mode

Queue Bearbeitungsmodus

Queueing Office

Büro, welches für die Queue Bearbeitung verantwortlich ist

Queue Kategorie für Sign Sortation

Anzeige im Work Area Status, wenn die Queue an das persönliche Sign gekoppelt ist

Recloc

Record Locator (siehe dort)

Record Locator

Buchstaben-/Zahlenkombination für einen PNR; er wird beim erstmaligen PNR Abschluss durch das System vergeben und erleichtert das Wiederauffinden im Amadeus Central System (auch Recloc oder Filekey genannt).

Reisezeit

Flugzeit vom Beginn bis zum Ende der Reise inklusive der Umsteigezeit

Remark

Interner Vermerk im PNR

Reservierungsklasse

Siehe Buchungsklasse

Responsibility

Büro, das die Verantwortung für einen PNR hat

Responsibility Change

Änderung der Verantwortlichkeit für einen PNR

Record Locator Return (RLR)

Hinweis in der PNR Kopfzeile, dass der Record Locator aus dem Rechner der Airline an Amadeus übermittelt wurde

RLR

Record Locator Return (siehe dort)

Schedule

Anzeige aller Flugverbindungen, ungeachtet ihrer Buchbarkeit, d.h. es erscheinen alle Flüge und Klassen für das abgefragte City Pair, auch wenn diese für den Verkauf bereits geschlossen sind.

Serviceklasse
Klasse, in der der Passagier an Bord befördert wird (auch Beförderungsklasse genannt)

Seven Day Search
Möglichkeit der Suche nach freien Plätzen für ein City Pair im Zeitraum von 7 Tagen

Shortcut
Kurzeingabe

Sign
6-stellige Identifikation, um in Amadeus arbeiten zu können. Es wird zwischen dem allgemeinen und dem persönlichen Sign unterschieden.

Sign In
Anmelden in Amadeus

Sign In Message
Automatisch erscheinende Information beim Sign-In-Vorgang. Sie enthält aktuelle Hinweise zu Amadeus Neuerungen und Anbieter-Informationen

Sign Out
Abmelden in Amadeus

Sign Preferences
Terminal-Einstellungen, die Sign-abhängig sind

Similar Name List
PNR Namensliste

Single PNR
PNR bis maximal 9 Passagiere

SITA
Societe Internationale des Telecommunications Aeronautiques: Organisation der internationalen Telekommunikation der Airlines

Smart Keys
Sie ermöglichen die Automatisierung von Arbeitsschritten bzw. komplexen Arbeitsabläufen.

Special Meal
Sonderessen

Special Queue
Queue Art, die in Kategorien unterteilt ist

Special Service Request (SSR)
PNR Element zur Anforderung von Sonderleistungen für den Passagier

Speed Mode
Durch Aktivierung des Speed Mode in der Amadeus Vista Command Page können Folgetransaktionen durch Mausklick ausgeführt und beschleunigt werden.

Sprachpräferenz
Siehe Language Preference

Standard Access
Airlines werden im AN/SN Display *ohne* Indikator (leer) gekennzeichnet. Es existiert keine Online Verbindung zwischen Amadeus und dem Airline-Rechner. Die Verkaufsmeldungen werden per Teletype Message übermittelt.
Folge:
Die Buchung wird aus dem AN/SN Display vorgenommen, die gebuchten Plätze sind nicht garantiert.

Eine solche Buchung kann nicht sofort als OK an den Kunden bestätigt werden. Sie gilt erst nach dem Ablauf von 12 Stunden als bestätigt, wenn keine Ablehnung durch die Airline erfolgt.

Status Code
Kennung für den Zustand einer Buchung (HK, HL etc.)

SU
Duty Code; Supervisor

Surface
Bodenbeförderung

Tageswechselanzeige
Siehe Datumswechsel

Teletype Message
Automatisiertes SITA Telex

Temporary Ticket Mode (TY)
Spezieller Modus zur Berechnung und Ausstellung von Flugtickets mit OPEN-Segmenten und passiven Segmenten

Transaktion
Funktion/Eingabe in Amadeus

TIM
Travel Information Manual (siehe dort)

TIMATIC
Möglichkeit des Zugriffs von Amadeus auf die Datenbank des Travel Information Manual (TIM) zur Abfrage von Reisebestimmungen

weltweit. TIMATIC ist die automatisierte Form des TIM.

Timetable
Möglichkeit der Abfrage des Flugplans für ein City Pair zur Vorabinformation

Transferort
Ort, an dem die Reise unterbrochen wird

Travel Information Manual (TIM)
Nachschlagewerk zu den Reisebestimmungen weltweit in englischer Sprache (siehe auch TIMATIC)

TRN
Training; siehe Amadeus Training

Umsteigeverbindung
Flugverbindung, bei der der Passagier vom Abgangsort bis zum Zielort ein- oder mehrmals umsteigen muss (Wechsel der Flugnummer)

Unaccompanied Minor (UM)
Unbegleitetes Kind (allein reisend)

Universal Time Coordinated (ZZZ)
Koordinierte Weltzeit

UTC
Universal Time Coordinated (siehe dort)

VOID Coupon
Ungenutzter Flight Coupon, wird mit VOID entwertet.

Vorausbuchungsfrist
Tarife: Festlegung der Frist, bis wann ein Tarif gebucht werden muss, um ihn verkaufen zu können.

Währungscode
Währungen werden in Amadeus durch den 3-stelligen ISO Währungscode identifiziert.

Wartelistenpriorität
Bevorzugte Bestätigung von der Warteliste (Leistung, die meist bei Vielfliegern zur Anwendung kommt).

Work Area
Arbeitsebene; das Anmelden in mehreren Arbeitsebenen ermöglicht die parallele Bearbeitung von Buchungsvorgängen.

Work Area Status
Kontrollfunktion; Anzeige, welche Areas angemeldet sind, in welcher Area aktiv gearbeitet wird und ob Buchungsvorgänge noch in Bearbeitung sind.

Zeitdifferenz
Zeitunterschied zwischen zwei Orten

Zulo Time
Siehe Universal Time Coordinated

ZZZ
Siehe Universal Time Coordinated

Index

Transaktionen – A bis Z

Amadeus Guide

Amadeus Vista Command Page – Reservation Air
kurz und bündig

Einleitung

Funktion	Eingaben	Erklärung
Infos und Hilfen	GGAMADE AGENT	Informationen für die Agenten in Deutschland
	GGAMADE SHORT	Shortcuts, Tipps und Tricks
	GGAMADE ERROR	Beschreibung gängiger Amadeus Fehlermeldungen
Incentive	GGAMADE INC	Informationen zur Incentive-Zahlweise

PNR Pflichtelemente

Infos und Hilfen	HE PNR	Übersicht aller HELP Seiten zum Passenger Name Record	
	HE SS	HELP Seite zu einer bestimmten Funktion, hier: Segment Sell	
Segment Sell; Short Sell aus AN/SN	SS 2C1	Segment Sell; Buchung für 2 Personen in C-Klasse auf dem Flug mit Laufnummer 1	
	SS 1CY3	Sell für eine Umsteigeverbindung mit unterschiedlichen Klassen je Teilstrecke	
	SS 3K21	Sell aus dem Direct Access	
Aus Dual City Pair	SS 1C2*11	Sell für 1 Person in C-Klasse, Hinflug mit Laufnummer 2 und Rückflug mit Laufnummer 11	
	SS 1C2*Y12	Sell in unterschiedlichen Buchungklassen je Strecke	
	SS 1CY3*YC13	Sell in unterschiedlichen Buchungsklassen je Teilstrecke bei Umsteigeverbindungen	
Long Sell	SS DL131J12JAN MUCATL1	Buchung für 1 Person in J-Klasse auf dem Flug DL131 für angegebenes Datum und Strecke	
Priority Waitlist	SS 1Y1/PE	Buchung einer Warteliste	
Name Element	NM 1BERG/JAN MR		Namenseingabe für Single Passenger
	NM 1MUELLERJANSEN/LISA MRS		Mit Doppelname (ohne Bindestrich)

	NM 1SCHOLZ/HANNA PROF DR MRS	Name mit Titel
	NM 1VON BRUEL/WILHELM GRAF MR	Name mit Adelstitel
	NM 1KADEN/PAUL (CHD)	Namenseingabe für Kind (Child)
	NM 1WEISS/LENA MRS (INF/ANNE)	Erwachsener mit Kleinkind (gleicher Familienname)
	NM 1STERN/JAN MR (INFWEISS/ANNE)	Erwachsener mit Kleinkind (verschiedene Familiennamen)
	NM 1ROTH/INA MRS (INF/KAI) (IDPLUSINF)	Erwachsener mit Kleinkind (innerdeutsch)
	NM 1HERBST/TOM MR (IDDOB30NOV87)	Jugendlicher/Student mit Date of Birth
	NM 3KLEIN/HANS MR/UTE MRS/TIM (CHD)	2 Erwachsene und 1 Kind mit gleichem Nachnamen
	NM 1PEAK/JOHN MR 1ROTH/KATHY MRS	2 Erwachsene mit unterschiedlichen Nachnamen
	NM 2JONG/RINGO MR/PIA MRS (INF/KIM) 1WINTER/JANE MRS	Kombinierte Eingabe (Eingabe erfolgt hintereinander ohne manuellen Zeilenumbruch)
Contact Element	AP 089-121416-H	Private Telefonnummer (H=Home)
	AP 030-121517-B	Geschäftliche Telefonnummer (B=Business)
	APF-069-121420-B	Geschäftliche Fax-Nummer (F=Fax)
	APE-HANS.MUSTER@gmx.de	E-Mail-Adresse (E=E-Mail)
	AP 069-121418-H/P1	Mit Passagierzuordnung
	AP 0617-121518-A	Agency-Telefonnummer (A=Agency)
	AP	Agency-Name und -Telefonnummer aus dem Office Profile
Ticketing Element	TK TL10DEC	Ticket Time Limit für den 10. Dezember
	TK TL10DEC/1800	Ticketkauftermin mit Datum und Uhrzeit (Local Time)
	TK MA15DEC	Ticket soll zum angegebenen Datum ausgestellt und verschickt werden (MA = MAIL).
	TK OK	Ticket ist bereits oder wird sofort ausgestellt.
	TK XL20DEC	Automatische Stornierung der Buchung in der *Nacht vom 19. auf den 20. Dezember* (es erfolgt keine Queue Platzierung).

	TK XL20DEC1800	Automatische Stornierung zum angegebenen Datum und Uhrzeit (Local Time); es erfolgt keine Queue Platzierung.
Received From Element	RF MRS KLEIN-TEI	Auftraggeber der Buchung und Agentenkürzel
	RF MRS KLEIN	Auftraggeber der Buchung
	RF TEI	Agentenkürzel
PNR Abschluss	ET	End Transaction; PNR wird beendet.
	ER	End Transaction and Redisplay; Buchungsabschluss und gleichzeitiger Wiederaufruf
	IG	Ignore; PNR wird ignoriert.
	IR	Ignore and Redisplay; alle seit dem PNR Aufruf vorgenommenen Eingaben werden ignoriert und der PNR in seinem Urzustand wieder dargestellt.

PNR Retrieval

Infos und Hilfen	HE PNR RETRIEVE	Übersicht aller HELP Seiten zur Funktion PNR Retrieval
	HE RT	HELP Abfrage mittels Transaktion
Standardabfragen	RT	Retrieval; Anzeige des geöffneten und aktiven PNRs in seiner aktuellsten Version
	RT/KLEIN	PNR Aufruf mit Familienname
	RT/K	Abfrage auf den Anfangsbuchstaben des Nachnamens (ein oder mehrere Anfangsbuchstaben)
	RT/KLEIN*A	Abfrage mit Namen; nur aktive PNRs (A=Active Segments)
	RT/17JAN-KLEIN	Abfrage mit Datum und Name
	RT ABCD1F	Abfrage mit dem 6-stelligen Record Locator
	RT/FRAL12358-GROSS	Abfrage für ein Partnerbüro (wenn Zugriffsrechte erteilt wurden)
Aus Similar Name List	RT 2	PNR Aufruf aus der Similar Name List

	RT 0		Zurück zur vorherigen Similar Name List
Selektive Abfragen	RTA	Air Segments	Aufruf der Flugsegmente
	RTF	Fare Elements	Aufruf der Fare Elemente
	RTG	General Facts	Aufruf der Elemente: SR, OS
	RTN	Name Elements	Aufruf der Namenselemente
	RTO	Option Elements	Aufruf der Optionselemente
	RTR	Remarks	Aufruf der Remarks (Vermerke)
	RTN,A	Name und Air	Kombinierte Eingabe; Namenselemente und Flugsegmente
Retrieve Service	RTSVCx		Retrieve Service; Abfrage zusätzlicher Service Informationen zu einem Flugsegment (x = Eingabe der Laufnummer des Flugsegments)
Record Locator Return	HE HEADER		Informationen zur PNR Kopfzeile
	RL		Display Record Locator der Airline bei Anzeige RLR in der PNR Kopfzeile

PNR Optionale Elemente

Infos und Hilfen	HE PNR	Übersicht aller HELP Seiten zum Passenger Name Record
	HE SI	HELP Seite zu einer bestimmten Transaktion
Passagier- und Segmentzuordnung	AP 089-607077-B/P1	Zuordnung für Passagier mit Laufnummer 1
	.../P1-2,4	Zuordnung für mehrere Passagiere
	.../S5	Zuordnung für Segment mit Laufnummer 5
	.../S4-6,8	Zuordnung für mehrere Segmente
	.../P1-2/S5-6	Kombinierte Passagier- und Segmentzuordnung

OPEN Segment	SO LH C HAMMUC	Segment Open; offenes Flugsegment mit Angabe der Airline, Buchungsklasse und Strecke
	SO LHC15JAN HAMMUC	Mit Angabe der Airline, der Buchungsklasse, des Datums und der Strecke
	SO SALH/J20JAN CPTFRA	Mit der Wahl zweier Airlines, Angabe der Buchungsklasse für die erstgenannte Airline, des Datums und der Strecke
Segment Information	SI ARNK	Arrival not known; Ankunft nicht bekannt
	SI ARNK12JAN	Mit Datumsangabe
	SI KL1231C15JAN AMSCDG HK1/ 09451055	Information Flight Segment mit Angabe: Flugnummer, Buchungsklasse, Datum, City Pair, Status, Passagieranzahl, Abflugs- und Ankunftszeit
Remark General	RM PAX UEBER UMBUCHUNGSBE DINGUNGEN INFORMIERT	Remark General; allgemeiner Vermerk
	RM PAX UEBER UMBUCHUNGSBE DINGUNGEN INFORMIERT/P2	Allgemeiner Vermerk mit Passagierzuordnung
	RMH/ MERCURE HOTEL BUCHEN	Remark mit Category, unterteilt von A bis Z (hier: H für Hotel Info)
Remark Confidential	RC FREIER TEXT	Remark Confidential; vertraulicher Vermerk
	RC FRAL12358/FREIER TEXT	Vertraulicher Vermerk für Partnerbüro
	RC FRAL12358,QSHL12902/TEXT	Für maximal 3 Partnerbüros (durch Komma getrennt)
Remark Corporate	RX FREIER TEXT	Remark Corporate
Option Element	OP 30NOV/VISUM FUER KENIA	Option mit Zusatzvermerk
Address Element	AM VANMEER JAN, HAINSTR. 12, 12435 BERLIN	Address Mail; Postanschrift
	AM VANMEER JAN, HAINSTR. 12, 12435 BERLIN/P1	Postanschrift mit Passagierzuordnung
	AB FIRMA XYZ, POSTFACH 3000, 10713 BERLIN	Address Billing; Rechnungsadresse

Other Service Information (OSI)	OS YY HONEYMOONER	Service Information an alle Airlines (YY)
	OS YY VIP PRESIDENT OF GERMAN BANK/P3	Service Info mit Passagierzuordnung
	OS AB TKNO 745-123456789	Übermittlung der Ticketnummer an eine bestimmte Airline (hier: AB=Air Berlin)
	OS AB TKNO 745-123456789-92	Übermittlung mehrerer Ticketnummern
Special Service Request (SSR)	HE MEAL CODE	Liste der Meal Codes
	GGAIRXXMEAL	Airline-spezifische Infos zu Special Meal (XX=Airline Code)
Special Meal	SR DBML	Anforderung eines Diabetiker-Essens für alle Passagiere und Strecken
	SR VGML/P2,4	Mit Passagierzuordnung
	SR SFML/S4-5	Mit Segmentzuordnung
	SR DBML/P1/S4-5	Mit Passagier- und Segmentzuordnung
	SR*DBML	Anforderung für alle Passagiere und Strecken, die bis zum PNR Abschluss eingegeben wurden
Weitere Sonderleistungen	SR SPEQ-1GOLF 100x40x40CM TTL12KG	Anforderung Sport Equipment für alle Passagiere und Segmente
	SR SPEQ-1GOLF 100x40x40CM TTL12KG/P1	Anforderung mit Passagierzuordnung
	SR SPEQ-1GOLF 100x40x40CM TTL12KG/P1/S4	Anforderung mit Passagier- und Segmentzuordnung
Unaccompanied Minor (unbegleitetes Kind)	SS 1V5/UM9	Segment Sell für unbegleitetes Kind mit Altersangabe
	SS 2V5/UM9,10	Segment Sell für zwei unbegleitete Kinder
	SS 1K2/UM10*12/UM10	Segment Sell aus dem Dual City Pair Display
	SR UMNR-UM 09 YEARS	Manueller Aufbau des SSR-Elements
	OS YY EOD MRS WERNER-MOTHER	Escort on Departure
	OS YY EOD BACHWEG 12 80469 MUENCHEN PHONE 089-507080	Escort on Departure

OS YY EOA MR WERNER-FATHER	Escort on Arrival
OS YY EOA 8 RUE DES BOIS 75015 PARIS PHONE 0033-1-40678080	Escort on Arrival
OS YY DOB 16APR94	Date of Birth

PNR Modifikation

Infos und Hilfen	HE PNR CHANGE	Übersicht aller HELP Seiten zum Thema PNR Change
	HE SB	HELP Seite zu einer bestimmten Transaktion
Rebooking/Automatische Umbuchung	SB 21JAN	Automatische Umbuchung auf ein neues Datum für alle Segmente
	SB M	Änderung der Buchungsklasse für alle Segmente
	SB 18JAN 5	Automatische Umbuchung auf ein neues Datum für Segment 5
	SB V 3-4	Änderung der Buchungsklasse für die Segmente 3 und 4
	SB K 20JAN5	Änderung der Buchungsklasse und des Datums für Segment 5
	SB Y9/03FEB10	Kombination; Änderung der Buchungsklasse und des Datums in verschiedenen Segmenten
	SB LH400*4	Änderung der Flugnummer für Segment 4
	SB BA901*3/BA912*4	Änderung der Flugnummer für die Segmente 3 und 4
Increase/Decrease – Plätze erhöhen/ reduzieren	6/4	Für das Flugsegment 6 wird die Platzanzahl auf 4 erhöht (bzw. reduziert)
Namensänderungen	GGPCALNCC	Liste der Airlines, die den Name Change Controller (NCC) nutzen
Name Update	NU 2/1MEIER/WILMA MRS	Korrektur des Nachnamens von Passagier 2
	NU 2/3/2BAUM/TOM MR/EVA MRS	Korrektur des Nachnamens von Passagier 2 und 3

	NU 1/HELMAR PROF MR	Korrektur des Vornamens, des Titels und der Anrede für Passagier 1
Name Change	1/1SCHMITT/SYLVIA MRS	Änderung des kompletten Namens für Passagier 1
	2/STEFAN DR MR	Änderung des Vornamens, des Titels und der Anrede für Passagier 2
	4/(IDDOB02DEC89)	Nachträglicher Zusatz zum Namensele-ment, hier: Date of Birth für Passagier 4
	2/(CHD)	Hinzufügen des Passagiertyps für ein Child
	3/(INF/FELIX)	Hinzufügen des Passagiertyps für ein Infant
	3/	Entfernen eines Passagiertyps oder Zusatzes
PNR Elemente	5/030-121618-H	Änderung des AP-Elements für Laufnummer 5
	7/10JAN	Änderung des Ticketkauftermins für Lauf-nummer 7
	8/22DEC	Änderung des Termins für die Option
	10/TICKET AN FIRMA LIEFERN	Änderung des Remarks (RM, RC, RX)
	8/QSHL12902/FREIER TEXT	Änderung des vertraulichen Vermerks (RC) und zusätzlich Leserecht für Partnerbüro
	7/NEUE ADRESSE	Änderung der Postanschrift (AM) oder Rechnungsadresse (AB)
Passenger Association	5/P2	Hinzufügen/Ändern der Passagierzuordnung
	5/P	Löschen der Passagierzuordnung
PNR Zugriffsrechte	HE PNR SECURITY	Übersicht aller HELP Seiten zum Thema PNR Security
Security Element	HE ES	HELP Abfrage mittels Transaktion
	ES QSHL12902-B	Element Security; das angegebene Büro erhält Lese- und Schreibrecht (B=Both)
	ES QSHL12903-R	angegebenes Büro erhält Leserecht (R=Read)
	ES QSHL12902-B,QSHL12903-R	Zugriffsrecht für mehrere Büros (maximal 5 durch Komma getrennt)
	ESX	Element Security Cancel; PNR Zugriff wird storniert

Responsibility Change	HE PNR RESPO	Übersicht aller HELP Seiten zum Thema PNR Respo Change
	HE RP	HELP Abfrage mittels Transaktion
	RP/QSHL12902/ALL	Respo Change; Änderung des PNR Zugriffs mit gleichzeitiger Änderung der Queue Adresse, des Ticketing Elements und der Option auf das Büro QSHL12902 (Überspielen eines PNRs an ein anderes Büro)
	RP/FRAL12358/ALL	Respo Change für alle zum AXR Record gehörenden PNRs
	RPS/FRAL12358/ALL	Respo Change nur für den aufgerufenen PNR, wenn zugehörig zu einem AXR Record
Stornierung	HE PNR CANCEL	Übersicht aller HELP Seiten zum Thema PNR Stornierung
	HE XE	HELP Abfrage mittels Transaktion
	XE 2	Cancel Element; Stornierung des Elements 2
	XE 3-4,7	Stornierung mehrerer Elemente der gleichen Gruppe
	XI	Cancel Itinerary; Stornierung des gesamten PNRs

Non Homogeneous PNR (Automatischer Split)

Infos und Hilfen	HE NHP	Übersicht aller HELP Seiten zum Thema Non Homogeneous PNR
Passagierzuordnung	5/P3	Passagierzuordnung für gebuchtes Flugsegment 5; die Eingabe erfolgt je Laufnummer
	SS 2C3/P1-2	Passagierzuordnung beim Segment Sell
	SS 2C6/P1,4	Passagierzuordnung beim Segment Sell
	6/P	Entfernen der Passagierzuordnung
AXR Record	HE AXR	Übersicht aller HELP Seiten zum Thema AXR Record
	RT 3	PNR Retrieval aus dem AXR Record mit Laufnummer
	RTAXR	Retrieve AXR Record; Aufruf im geöffneten PNR (Die Eingabe darf keine Leerzeichen enthalten)
	RTAXR/NEUHAUS	Aufruf des AXR Records mit Passagiernamen
	RTAXR RECLOC	Aufruf des AXR Records mit Record Locator

AXR Record Storno	HE ETX	Übersicht aller HELP Seiten zum Thema AXR Record Cancel
	ETX	Stornierung aller zu einem AXR Record gehörenden Buchungen und PNR Abschluss
	ERX	Stornierung aller zu einem AXR Record gehörenden Buchungen und Aufruf des letzten PNRs (dieser ist im Hintergrund geöffnet).

PNR Split (Manueller Split)

Infos und Hilfen	HE SPLIT	Übersicht aller HELP Seiten zum Thema PNR Split
	HE SP	HELP Abfrage mittels Transaktion
Split	SP 3	Split für Passagier mit der Laufnummer 3
	SP 2,4	Split für Passagiere mit Laufnummer 2 und 4
	SP 2,5-6	Split für Passagiere mit Laufnummer 2, 5 bis 6
End and File	EF	End and File; Abschluss des Associate PNRs
End Transaction	ET	End Transaction; Abschluss des Parent PNRs

PNR Replication (Kopierfunktion)

Infos und Hilfen	HE REPLICATION	Übersicht aller HELP Seiten zum Thema PNR Replication
	HE RRN	HELP Abfrage mittels Transaktion
Replication – RRN	RRN	Replication; kopiert den gesamten PNR (Standardeingabe)
	RRN/3	Kopie für veränderte Passagieranzahl, 3 Passagiere
	RRN/DP5	Mit verändertem Datum für alle Segmente, plus 5 (DP=Date Plus)
	RRN/DM2	Mit verändertem Datum für alle Segmente, minus 2 (DM=Date Minus)
	RRN/CB	Mit veränderter Buchungsklasse (B) für alle Segmente (C=Class)
	RRN/P1,4	Kopiert Passagier 1 und 4, inklusive NM-Element und passagierbezogener Elemente
	RRN/S2-4	Kopiert nur die Segmente 2 bis 4

	RRN/S3 12JAN	Kopiert alle Segmente und ändert das Datum für Segment 3
	RRN/S3 15JAN/S4 18JAN	Kopiert alle Segmente und ändert jeweils das Datum für Segment 3 und 4
Replication – RRA	RRA	Kopiert den gesamten PNR und verknüpft ihn über den AXR Record mit dem Ursprungs-PNR (Standardeingabe)
	RRA/2	Kopie für veränderte Passagieranzahl, 2 Passagiere
		Weitere Eingaben mit Option – analog Transaktion RRN
Replication – RRI	RRI	Kopiert nur die Itinerary Elemente (Standardeingabe)
	RRI/4	Kopie für veränderte Passagieranzahl, 4 Passagiere
		Weitere Eingaben mit Option – analog Transaktion RRN
Replication – RRP	RRP	Kopiert nur die Passagierdaten (Standardeingabe)
	RRP/P2	Kopiert nur die Daten für Passagier mit Laufnummer 2

Frequent Flyer (Vielflieger)

Infos und Hilfen	HE FREQUENT	Übersicht aller HELP Seiten zum Thema Frequent Flyer
	HE FFA	HELP Abfrage mittels Transaktion
	GGAIRXX FREQUENT	Informationen zum Frequent Flyer Programm der jeweiligen Airline (XX=Airline Code): Kundenkarten, Bedingungen, Prioritäten, Leistungen, Partner und Kooperationen u.v.m.
	GGPCAXX	Participating Carrier Access and Function Level; Auflistung aller Funktionen, die eine Airline in Amadeus unterstützt (XX=Airline Code)
	VFFD	Frequent Flyer Interline Agreements; Übersicht der Vereinbarung zur gegenseitigen Anerkennung von Vielfliegerprogrammen der Airlines, die ihre Vielfliegerdaten in Amadeus gespeichert haben.

	VFFD XX	Frequent Flyer Interline Agreements für eine bestimmte Airline (XX = Airline Code)
Frequent Flyer Daten online in Amadeus	FFD SK-EBG105068365	Frequent Flyer Display; Darstellung der Vielfliegerdaten für angegebene Airline und Vielfliegernummer
	FFA SK-EBG105068365	Frequent Flyer Add; Erstellung des Namenselements mit der zugehörigen SSR-Information
	FFN SK-EBG1234567	Frequent Flyer Name; Nachtrag des SSR-Elements, wenn der Name bereits im PNR existiert. Name und Frequent Flyer Nummer werden online geprüft und miteinander verglichen.
	FFN AF-1234567890/P2	Mit Passagierzuordnung
Frequent Flyer Daten nicht in Amadeus	FFN KL-1213141516	Frequent Flyer Name; Erstellung der SSR-Information für die Airline, die *nicht* ihre Frequent Flyer Daten in Amadeus gespeichert hat. Name und Frequent Flyer Daten werden *nicht* geprüft.
	FFN KL-121314151/P3	Mit Passagierzuordnung
	FFN NW-9876543,KL	FFN-Eingabe bei Kooperationen; Passagier ist im Besitz einer Frequent Flyer Karte der Northwest Airlines (NW) und nutzt Flüge der Partner-Airline KLM (KL).

Seat Reservation (Sitzplatzreservierung)

Infos und Hilfen	HE SEATS	Übersicht aller HELP Seiten zum Thema Seat Reservation
	HE ST	HELP Abfrage zur Funktion Advanced Seat Request (ASR)
	HE SM	HELP Abfrage zur Funktion Seat Map
	GGAIRXX SEATS	Informationen zu den speziellen Bedingungen der jeweiligen Airline (XX = Airline Code)
	GGPCAXX	Participating Carrier Access and Function Level; Auflistung aller Funktionen, die eine Airline in Amadeus unterstützt (XX = Airline Code)
Advanced Seat Request (ASR)	ST	Seat Request; Standardeingabe, Nichtraucherplätze für alle Passagiere und Segmente
Mit Optionen	ST/S	Smoking Seat; Raucherplatz
	ST/S/P1	Mit Passagierzuordnung
	ST/S/P2/S4,6	Mit Passagier- und Segmentzuordnung

	ST/W	Window; Nichtraucherplatz am Fenster (bei mehreren Passagieren wird *ein* Platz am Fenster vergeben und die weiteren Passagiere daneben platziert).
	ST/S/W	Smoking Seat Window; Fensterplatz im Raucher für alle Passagiere und Segmente
	ST/S/A/P2	Smoking Seat Aisle; Gangplatz in der Raucherzone für Passagier 2
	ST/WB/P1	Fensterplatz in der Bulkhead-Reihe für Passagier 1
	ST/WU	Fensterplatz für unbegleitetes Kind in der Nichtraucherzone
	ST/AI	Gangplatz für Erwachsenen mit Kleinkind in der Nichtraucherzone
	ST/01A/P1/S4	Anforderung eines speziellen Sitzplatzes, hier: 01A = Reihe 1 Platz A
Mit AIRIMP Code	ST/SMST	Smoking Seat; Raucherplätze für alle Passagiere und Segmente (max. 5 Segmente je Airline pro Transaktion)
	ST/NSSA/P1	Non-Smoking Seat Aisle; Gangplatz im Nichtraucher für Passagier 1
	ST/SMSW/P2/S3,7	Smoking Seat Window; Fensterplatz im Raucher für Passagier 2, Segmente 3 und 7
	ST/RQST/12A	Request Seat; Anforderung des Sitzplatzes 12 A für alle Segmente
	ST/RQST/10A/P2/S5-6	Mit Passagier- und Segmentzuordnung
Seat Map/Sitzplan	SM	Seat Map; Abfrage des Sitzplanes (wenn nur 1 Flugsegment im PNR)
	SM 2	Abfrage des Sitzplanes für Flugsegment 2 im PNR
	SM/3/C	Abfrage des Sitzplanes mit Laufnummer aus AN/SN Display
	SM LH400/C/10JAN FRAJFK	Abfrage mit Flugnummer, Buchungsklasse, Datum und City Pair
	SM IB3547/C/10SEPTXLMAD/V	Anzeige in vertikaler Darstellung, wenn die Airline diese unterstützt (V=vertical)
	SM IB3547/C/10SEPTXLMAD/H	Umstellung auf die horizontale Darstellung des Sitzplanes (H=horizontal)
Sitzplatzreservierung aus dem Seat Map	ST/11A	Reservierung für den Platz 11A

ST/15ABC	Folge von Sitzplätzen für mehrere Passagiere
ST/15AB/16AB	Plätze A und B in unterschiedlichen Reihen
ST/14A/P1	Mit Passagierzuordnung
ST/20EF/P3-4/S5	Mit Passagier- und Segmentzuordnung

Amadeus Itinerary (Reiseplan)

Infos und Hilfen	HE ITINERARY	Übersicht aller HELP Seiten zum Thema Itinerary
	HE RIR	HELP Abfrage zur Funktion Itinerary Remark
	HE IBP oder HE IEP	HELP Abfrage zur Funktion Itinerary Print
Itinerary Remark	RIR DIESER TARIF ERLAUBT KEINE UMBUCHUNG	Itinerary Remark mit freiem Text
	RIR FREIER TEXT/P2	Itinerary Remark für Passagier 2
	RIR FREIER TEXT/P2/S4-5	Itinerary Remark mit Passagier- und Segmentzuordnung
Itinerary Display	IBD	Itinerary Basic Display; Darstellung des Basis-Reiseplans
	IED	Itinerary Extended Display; Darstellung des erweiterten Reiseplans
Itinerary Print	IBP	Itinerary Basic Print; Druck des Basis-Reiseplans
	IEP	Itinerary Extended Print; Druck des erweiterten Reiseplans
	IBPJ	Itinerary Basic Print Joint; gemeinsamer Reiseplan für alle im PNR gebuchten Passagiere
	IEPJ	Itinerary Extended Print Joint; gemeinsamer Reiseplan für alle im PNR gebuchten Passagiere
	IEP/LPFR	Language Preference; Änderung der Sprachpräferenz, hier: FR=French/Französisch
	IEP/P1-2	Mit Passagierzuordnung
	IBP/P1/S3-5	Mit Passagier- und Segmentzuordnung

Queue

Infos und Hilfen	HE QUEUE	Übersicht aller HELP Seiten zum Thema Queue
	HE QS	HELP Abfrage zu einer bestimmten Transaktion, hier: Queue Start
Queue Count	QT	Queue Total; Anzeige der belegten Queue Arten, Kategorien und Date Ranges
	QTQ	Queue Total all Queues; Anzeige aller Queue Arten Ihres Büros inklusive der leeren
	QC 97CE	Queue Count all Categories inclusive empty; Anzeige der Queue Art mit allen Kategorien inklusive der leeren
	QCR	Queue Count Reset; Rücksetzen des Queue Zählers (nur mit Duty Code SU möglich)
Queue Start	QS 2	Queue Start für Queue 2 (Category 0, Date Range 1)
	QS 1C1	Queue Start für Queue 1, Category 1 (Date Range 1)
	QS 1C6D2	Queue Start für Queue 1, Category 6, Date Range 2
Bearbeitung im Queue Mode	HE PNR CHANGE (GP STA)	Hilfe zur Änderung Advice Code in Status Code
Infos und Hilfen	HE ETK oder HE ERK	Hilfe zum PNR Abschluss und automatische Änderung des Advice Codes
	GG CODE	Liste der Codes
	GG CODE K	Liste der Codes, beginnend mit K
Bearbeitung	6/HK	Manuelle Änderung des Advice Codes in den Status Code HK für Segment 6
	DL5	Delete; löschen eines inaktiven Segments aus dem PNR (UC, UN, NO, HX)
	ETK	End Transaction and Change Advice Codes; automatische Bearbeitung der Advice Codes (auch Streichen von inaktiven Segmenten) und PNR Abschluss
	ERK	End Transaction, Change Advice Codes and Redisplay; automatische Bearbeitung der Advice Codes (auch Streichen von inaktiven Segmenten), PNR Abschluss und erneute Darstellung im Queue Mode

	RT	Retrieve PNR; zurück zum abgefragten PNR im Queue Mode
	QU	Queue Update; zurück zur abgefragten Message im Queue Mode
Queue Delay	QD	Queue Delay; PNR/Message wird unbearbeitet an das Ende der abgefragten Queue Art gestellt.
	QD 16MAY	PNR oder Message wird auf das angegebene Datum zurückgestellt.
	QD 1600	PNR/Message wird auf die angegebene Uhrzeit (UTC) zurückgestellt.
	QD 16MAY/1500	PNR/Message wird auf Datum/Uhrzeit (UTC) zurückgestellt.
	QD F	PNR/Message wird an das Ende der Queue Art gestellt und gleichzeitig die Queue Bearbeitung beendet.
	QD F20MAY	PNR/Message wird auf das angegebene Datum zurückgestellt und Queue Bearbeitung beendet.
	QD F1600	PNR/Message wird auf die angegebene Uhrzeit (UTC) zurückgestellt und Queue Bearbeitung beendet.
	QD F20MAY/1600	PNR/Message wird auf das angegebene Datum/ Uhrzeit (UTC) zurückgestellt und Queue Bearbeitung beendet.
Queue Next	QN	Queue Next; PNR oder Message wird unbearbeitet aus der Queue entfernt und der nächste PNR/die nächste Message dargestellt.
	QN F	Queue Next and Finish; PNR/Message wird aus der Queue entfernt und gleichzeitig die Queue Bearbeitung beendet.
Queue Ignore	QI	Queue Ignore; PNR/Message wird ignoriert und Queue Bearbeitung beendet.
	QI R	Ignore PNR and Redisplay; der PNR wird ignoriert und außerhalb des Queue Mode dargestellt.
Queue Finish	QF	Queue Finish; PNR wird nach der Bearbeitung abgeschlossen, aus der Queue entfernt und der Queue Mode verlassen.

	QF R	Queue Finish and Redisplay; PNR wird nach Bearbeitung abgeschlossen, aus der Queue entfernt, der Queue Mode verlassen und der PNR außerhalb des Queue Mode wieder dargestellt.
Queue Enter/ Überspielen von PNRs	QE 0	Queue Enter; der geöffnete PNR wird in die Q0 des eigenen Büros platziert.
	QE 80C3	Der geöffnete PNR wird in die Q80 Category 3 des eigenen Büros platziert.
	QE/FRAL12358/0	Der geöffnete PNR wird in die Queue 0 des Empfängers platziert.
	QE/FRAL12358/80C3	Der geöffnete PNR wird in die Q80 Category 3 des Empfängers platziert.
Senden einer Message	QE97	Senden einer Message in die Q97 des eigenen Büros
	QE97C24	Senden einer Message in die Q97 Category 24 des eigenen Büros
	QE/QSHL12902/97	Senden einer Message in die Q97 (Category 0) des Empfängers
	QE/QSHL12902/97C24	Senden einer Message in die Q97 Category 24 des Empfängers
Queue Print	QP97	Queue Print; Druck und Entfernen aller Messages aus Q97, Category 0
	QP97C2	Druck und Entfernen aller Messages aus Q97, Category 2
	QP87C1D4	Druck und Entfernen aller Messages aus Q87, Category 1, Date Range 4
	QPR1C1D1	Queue Print and Retain; Druck aller PNRs aus Q1, Category 1, Date Range 1; PNRs verbleiben in der Queue.
	QH7C1D1	Queue Print History; Druck aller PNRs inklusive History aus Q7, Category 1, Date Range 1
	QHR7C1D1	Queue Print History and Retain; Druck aller PNRs inklusive History aus Q7, Category 1, Date Range 1; PNRs verbleiben in der Queue.

PNR History

Infos und Hilfen	HE PNR HISTORY	Übersicht aller HELP Seiten zum Thema PNR History
	HE RH	HELP Abfrage mittels Transaktion
	HE PNR RECALL	HELP Abfrage für einen Past Date Record (archivierter PNR)
Retrieve History	RH	Retrieve History; Abfrage der History ohne die Queue Aktionen
	RH/ALL	Abfrage der History inklusive der Queue Aktionen
Selektive Abfrage	RHA	AIR Segments; History nur für Flugsegmente
	RHC	Car Segments; History nur für Mietwagensegmente
	RHF	Fare Elements; History nur für Fare Elemente
	RHH	Hotel Segments; History nur für Hotelsegmente
	RHN	Name Elements; History nur für Namenselemente
	RHP	Passenger Date; History nur für Passagierdaten
	RHQ	Queue; History nur für Queue Aktionen
	RHA,Q	Kombinierte Eingabe
	RHS5	History für Segment mit Laufnummer 5 des PNRs
	RH019	Abruf der History ab Vorgang 19
Retrieve Past Date Record	RPP/AF7708/16DEC04	Recall Online mit Angabe des Flugsegments
	RPP/RLC-ABC123/16DEC04	mit Angabe des Record Locator
	RPP/TKT-123456789	Mit Angabe der Ticketnummer (max. 13 Zeichen)
	RPP/FFN-LH123456789/ LH400/04DEC04*Q	Mit Angabe der Frequent Flyer-Nummer und Flugsegment. Der PNR mit der zugehörigen History soll in die Queue platziert werden (Standard: Q96).
	RPD/LH/01DEC04-02DEC04	Recall Offline mit Angabe der Airline und Zeitraum

	RPD/AF7708/16DEC04	mit Angabe des Flugsegments
	RPD/RLC-ABC123/16DEC04	mit Angabe des Record Locator
	RPD/TKT-123456789	Mit Angabe der Ticketnummer (max. 13 Zeichen)
	RPD/FFN-LH123456789/ LH400/04DEC04*Q	Mit Angabe der Frequent Flyer-Nummer und Flugsegment. Der PNR mit der zugehörigen History soll in die Queue platziert werden (Standart:Q96)
	PLD 3	Past Date PNR; Display aus der Liste, hier Laufnummer 3
	RPP/RH	Abruf der PNR History für den dargestellten Past Date Record
Office Request List	RLD	Darstellung der Office Request List mit Anzeige des Status'
	RLDT3	Darstellung aus der Office Request List (T=Terminalanzeige) für Past Date Record; hier mit Laufnummer 3
	RPPQ	Platzierung des dargestellten PNRs in die Queue (Standard: Q96, Category 0)
	RPPQ96C1	Platzierung des dargestellten PNRs in die Queue, hier Q96, Category 1
	RLX/5,7	Cancel; Annullierung einer Suchanfrage (mit Status: pending)
	RLX/8-10	Dto.
	RLC/8,10	Clear; Entfernen von Vorgängen aus der Office Request List
	RLC/11-13	Dto.

PNR Print

Infos und Hilfen	HE PNR PRINT	Übersicht aller HELP Seiten zum Thema PNR Print
	HE WRA	HELP Abfrage mittels Transaktion
Print All	WRA/RT	PNR Print (A=All); Druck des abgefragten PNRs auf dem zugeordneten Printer
	WRA/RTABCDEF	Druck des PNRs für den angegebenen Record Locator (ABCDEF)

Print Screen	WRA/RH	Druck der PNR History für den geöffneten PNR
	WRA/QU	Druck einer Queue Message nach Queue Start
	WRS/RT	PNR Print (S = Screen); Druck des PNRs, aber nur die 1. Bildschirmseite
	WRS/RTABCDEF	Druck des PNRs für den angegebenen Record Locator (ABCDEF), aber nur die 1. Bildschirmseite

Group Reservation (Reservierung von Gruppen)

Infos und Hilfen	HE GROUPS	Übersicht aller HELP Seiten zum Thema Groups
	HE NG	HELP Abfrage mittels Transaktion, hier: Name Group
Group PNR Erstellung	SS 12Y2/SG	Short Sell für Gruppe mit 12 Passagieren (SG = Segment Sell Group)
	SS 10Y1/SG*12/SG	Sell Group für 10 Passagiere aus dem Dual City Pair
	SS LX963Y10NOVTXLZRH SG10	Long Sell für Gruppe
	NG 12EINTRACHT TEAM	Name of Group; Namenselement für Gruppe
	0/DFB TEAM	Änderung des Name Group Elements; nur während des PNR Aufbaus möglich.
	SR GRPF LX-YGIT	Group Fare Element mit Angabe der Airline (LX) und des Tarifs
	SR GRPF YY-YGIT	Group Fare Element für alle am Routing beteiligten Airlines (YY)
	SR GRPS LX TCP20	Group Service Element; die gesamte Gruppe besteht aus 20 Passagieren (TCP = To Complete Party)
	SR GRPS YY TCP35	Group Service Element für alle am Routing beteiligten Airlines (YY)
Group PNR Bearbeitung	NM 2ROT/KAI MR/PIA MRS 2BLAU /NILS MR/TINA MRS	Eingabe der individuellen Namen
	RTN	Retrieve Name; Darstellung der individuellen Namen

	RTW	Aufruf aller Daten des Group PNRs inklusive der Namen
	4G	Name mit Laufnummer 4 löschen; Erhalt des Platzes als Noname
	1-3/6G	Namen mit den Laufnummern 1 bis 3 und 6 löschen; Erhalt der Plätze als Noname
	XE0.2	Stornierung von 2 Nonames
	XE3-4,7	Stornierung der Passagiere mit den Lauf-nummern 3 bis 4 und 7
Name Transmission	NT	Name Transmission; manuelle Namensüber-mittlung an alle im PNR enthaltenen Non Amadeus System User Airlines
	NT AA,DL	Aktivierung der Namensübermittlung an spezifizierte Airlines
Non Homegeneous Group PNR	NP 12,3	Noname Item for Passenger Association; Aufbau zweier Noname Elemente – für 12 Nonames und 3 Nonames
	NP 0	Noname Items löschen
	4/P1,5	Flugsegment 4 mit Passagierzuordnung (individuelle Namen und Noname Items)
Manual Split Group PNR	SP 0.4	Split für 4 Nonames
	SP 1-3	Split der Passagiere 1 bis 3 (individuelle Passagiernamen)
	SP 0.3/1,2	Split für 3 Nonames und Passagiere mit den Laufnummern 1 und 2
	EF	End and File; Abschluss des Associate PNRs
	ET	End Transaction; Abschluss des Parent PNRs
Group Seat Reservation	STG	Seat Request Group; Standardanforderung – Nichtraucherplätze für alle Passagiere der Gruppe
	STG/S	S = Smoking Seat; Raucherplätze für alle Passagiere
	STG/S4-5	Mit Segmentzuordnung

STG/10N	N=Non-Smoking Seat; Anforderung von Plätzen, weniger als die Gesamtanzahl der Gruppe, hier: 10 Plätze im Nichtraucher
STG/10N2S/S5	10 Nichtraucher- und 2 Raucherplätze für Flugsegment 5
STG/R/30ABCDEF/31A-F/S3	Anforderung von bestimmten Reihen/Plätzen für die gesamte Gruppe für Flugsegment 3
STG/R10/27ABCDEF/28A-D/S4	Anforderung eines Kontingentes von 10 Plätzen mit Angabe der Reihen/Plätze für Flugsegment 4

Command Page/Tastenfunktionen

(Strg) + (A)	Alle Bildschirminhalte markieren
(Strg) + (C)	Kopieren der markierten Inhalte
(Strg) + (J)	Wechsel von Command Page zur Graphic Page (Komponente PNR)
(Strg) + (K)	Smart Key Editor öffnen
(Strg) + (P)	Druck des dargestellten Bildschirms
(Strg) + (S)	Split Screen (geteilter Bildschirm)
(Strg) + (T)	Wechsel zum Ticketing
(Strg) + (V)	Einfügen der kopierten Inhalte
(Strg) + (Z)	Fenster »Anpassen« öffnen
(Strg) + (Enter)	Cursor springt an den Anfang der nächsten Zeile
(Alt) + (→)	Anzeige der zuvor gesendeten Amadeus Befehle
(Pause)	Sichtbare Bildschirmseite löschen
(Umschalten) + (Pause)	Alle Bildschirmseiten löschen

Kundenfeedback

Wir möchten, dass Sie mit unseren Leistungen und unseren Produkten zufrieden sind, deshalb nehmen wir gerne Ihre Anregungen und Vorschläge entgegen.

1 Warum haben Sie sich für ein Fachbuch aus der Reihe »Amadeus Griffbereit« entschieden?

2 Wie hat Ihnen das Fachbuch »Amadeus Vista Command Page – Reservation Air« insgesamt gefallen?

	Sehr gut	Gut	Weniger gut	Nicht gut

3 Wie zufrieden sind Sie mit dem Fachbuch in Bezug auf:

	Sehr zufrieden	Zufrieden	Weniger zufrieden	Nicht zufrieden
Inhalt				
Aufbau und logischer Ablauf				

4 Inwieweit fühlen Sie sich in der Lage, das Fachbuch direkt in Ihrem Arbeitsablauf anzuwenden?

	Sehr gut	Gut	Weniger gut	Nicht gut

5 Was finden Sie an diesem Fachbuch besonders gut und/oder was sollte Ihrer Meinung nach verbessert/verändert werden?

Wir freuen uns auf ein Feedback von Ihnen. Ihre Empfehlungen und Hinweise senden Sie bitte per Fax an die kostenfreie Service-Nummer: 0800 – 913 66 77.